満洲引揚げ少年、ブラジル移民となる

加藤仁紀

Kato Yoshinori

藤原書店

はしがき——父母から引き継いだことを、未来の日本へ

私の父は、満洲国においてペスト防疫に命を賭し、大きな科学的業績を挙げた。引揚げ途中で殉職したが、その拠点となったのは、満洲国吉林省前郭旗《ぜんかっき》のペスト防疫所である。本書で、その存在を世に少しでも明らかにすることが出来れば、父達への多少の慰めになるかも知れない。

母が遺した、父に関する関係者の手記類、また筆者が国立国会図書館等で収集した父の論文類をまとめて、コロナ禍中の令和二年（二〇二〇年）八月四日（母の誕生日）、筆者は父の母校である東北大学（父の在学中は東北帝国大学）医学部長宛に、父の満洲での事績について〝祈りを込めて〟手紙を送った。それを受け取られた同部長は、「世に知られない偉大な科学的業績」と言われて非常に驚かれ、それを学部内で直ちに告知・顕彰された。父の死後七四年を経過してはいたが、天国の父への幾分かの慰めになったかも知れない。しかし、母の生前に間に合わなかったことは、返す返すも悔やまれてならない。

また、本書六四頁に掲載しているとおり、酒井シヅ先生（第十代日本医史学会理事長・順天堂大学

名誉教授）が御著書『病が語る日本史』（講談社、二〇〇二年）で、「世界的な業績」として父たちのペスト防疫活動を紹介してもくださった。

本書は、死に臨んだ父の気持ちを筆者がどう受け取ったか、父の死後まもなく赤子を抱えた母を中心に故国日本への過酷な引揚げを家族五人でどのように乗り切ったか、引揚船が一九四六年八月二十五日に長崎の佐世保港に着き、母の郷里・仙台にたどり着き、その後の母子寮での耐乏生活、ブラジル移民になるという紆余曲折・七転八倒の人生を歩むことになった筆者の、筆者なりの父、そして母への恥ずかしながらの、父の跡を継ぐという使命感を果たせなかったお詫びの報告書でもある。

「お父さん、お母さん、ご苦労様でした。心から尊敬しています。ありがとうございました。」と申し上げたい。

今、筆者の手元に、父の形見として母が筆者に遺した、父の魂とも言うべき「手帳」がある。父がペンや鉛筆で緻密に、あるいは走り書きした、絶筆となった分厚い手帳である。満洲風土病の学習、敗戦後の日本国内の混乱のニュース、発疹チフスの防疫・治療活動の様子などが、数人の患者の実名入りで、日本語（一部は独語）で書かれている。発疹チフス防疫・治療に奔走し、死に逝く父の様子が見てとれ、胸が疼く。

筆者は大学卒業後、突如ブラジルに移民として渡り、母を心配させた。商都サンパウロでブラジル日系人の活躍と、ブラジルへの多大な貢献を知ったが、その知見が、後年日本で携った日伯交流活動、及び在日ブラジル人支援活動の参考になったことは、言うまでもない。ブラジル移民が築いた日系社会について、多少でも読者の参考にしていただければ幸いである。

敗戦後の日本に届けられた「ララ物資」（米国及び南米の日系人が、窮乏する祖国日本に繰り返し大量に贈ってくれた救援物資。食料品、衣料品、文房具、おもちゃ等）に対して、母が戦後まもなく書いた礼状（一九四九年四月）が、現在、ＪＩＣＡ横浜海外移住資料館のララ物資のコーナーに常設展示されている。当時、ララ物資が日本人に本当に喜ばれているか疑問が呈されたことがあったため、日本政府は衆議院で感謝決議を採択、加えて厚生省（当時）が各都道府県に呼びかけ、同物資の恩恵を受けている母子寮等の代表者に礼状を書くように要請した。我家もその恩恵を蒙っていたため、母が米国向けには英語で書いた。

この母の手紙（日本語）が代表に選ばれてブラジルに贈られ、サンパウロの邦字新聞に転載されると、現地の読者の大きな感動を呼び、さらなる救援物資収集に拍車がかかったという。当時物資収集に当たったサンパウロ市の日本戦災同胞救援委員会聖市（＝サンパウロ市）地方委員会委員長、菅山鷲造氏が、物資収集促進のために作成した物資募集要項（印刷物）に、母の礼状を貼付者を含む二十余名）は、題字とともに、書家の吉村東琴氏（東京都参与、筆者の盟友吉村善智氏夫人）の直筆で金属板プレートに刻まれ、大鳥居の柱に巻き込まれ、展示・保存されている。

当移住地は日系移住地として結束も強い。この様な日系移住地がブラジル各地に存在するが、我々日本人がそれらの移住地と連帯することによって彼等の日系意識が一層高まり、長く存続することを、我々日本人は認識する必要がある。

現存する当地の一世たちは、祖国日本を思わぬ日はないが、祖国に忘れ去られることを最もさびしく思っている。日本側から連携・連帯を呼びかける不断の努力によって絆を深め合っていくことが、相互に大切である。ブラジルを親日国にした日系人との絆を大切に維持していくことは、我が国の国益に寄与する。日系人は、多くの有能な人材をブラジル社会に進出させている。

最後に、本書の執筆動機を書いておきたい。筆者は、満洲引揚げ後に見た祖国日本の現状を憂いてやまない。ＧＨＱによって我が国は、日本精神・愛国精神・武士道精神・大和魂が奪われ、魂が抜かれ「負け犬」となって、今もそれを引きずって生きている。この気概なき今の日本・日本人を象徴する悲劇的事件が、「北朝鮮による未解決の拉致問題」である。横田めぐみさんを我が子と思うならば怒り心頭、誰しも一分一秒たりとも安閑としては居られないはずである。それが長年放置されていることは、日本史上の汚点である。一体日本人の心はどこへ消えたのか。自分だけ良ければ構わないという精神では、日本は立ち行かなくなる。拉致被害者を奪還するためには、断固、立ち上がらなければならない。リーダーの責任は大きい。世論を動かし、他国を当てにせず、自力で解決すべきである。

これは、米国に長年にわたり国防を委ねてきた結果である。戦争は絶対にすべきではないが、国防力を増強しなければ、覇権国家相手に外交は出来ない。国民の覚悟が要る。四、五十年前に韓国を訪れたとき、幾人かの韓国老人から同じ質問をされた。「あのしっかりした強い日本は何処に消えたか」と。

二十年以上前、内閣府支援室を通じ、横田滋氏（めぐみさんのお父上）に、拉致問題解決に関する提案（国民運動立上げの一つの方法）を差し上げ、直筆で返書（平成十六年＝二〇〇四年九月十日付。運動の難しさと家族会活動の苦衷を訴える内容）を頂いたことがある。いまもそれを大切に保管している。筆者は高齢かつ微力ながら、国民の一人として、余生を拉致問題解決のために、皆様とともに応分の協力・努力を捧げたいと思う。一致結束、互いを思い遣り助け合いながら、命からがら満洲から引き揚げて来た「満洲引揚げ少年」の、最後の戦いにしたい。

日本が本気になって怒っていることを具体的に示すには、遠回りのようであるが、国防力の強化・増強しかないと思う。きれいごとではない。中国も北朝鮮もその弱点は独裁体制である。幸い、日本にはゲームチェンジする技術力がある。このままでは国家が滅ぼされてしまう。自分たちの領土どころか、命も守れなくなっている現状を、国民各自が肝に銘ずべきである。拉致被害者のめぐみさんを、一刻も早く、ご家族のもとに絶対に取り返さなければならない。

「子供がぼんやり過ごす時間は蛹《さなぎ》の時期に当る。蝶《ちょう》が飛び立つには蛹の時期が必要」（串田孫一随筆「無為の貴さ」より）という。

筆者の物心ついた時は、敗戦時の満洲引揚げという、逃避行の真っ最中であった。その最中に非業の死を遂げた父。筆者には「ぼんやり過ごす」時期はおろか、ひたすら恐怖におびえて、必死に逃げ抜くだけ（祖国日本に辿り着くため）の、危険を孕んだ環境で過ごしてきた。飛び立つために必要な蛹の時期（無為の時期）がなかった蝶の筆者（四～五歳の少年）は、先行き果たして無事飛び立てるのか、もし飛び立てたとしても綺麗に飛び立てるか、その見通しは全く無く、事実、以後紆余曲折の人生を歩むことになった。

筆者にとってその大きな出来事の一つが、筆者が青年期に「ブラジル移民となった」ことである。僭越ながらここに、幼かった筆者の満洲引揚げと、その後のブラジル移民体験の一端を著し、世の諸兄に多少でも参考にしていただければ、望外の幸せである。

二〇二五年三月一日

満洲建国九三周年を迎えて、昭和百年を目前にして

満洲引揚げ少年・ブラジル移民　加藤仁紀

満洲引揚げ少年、ブラジル移民となる

目次

はしがき――父母から引き継いだことを、未来の日本へ　1
献辞　23

I　父と母、そして私の満洲――――――――31

一　殉職した父の思い出――吉林省ペスト防疫所所長・加藤正司……………33

小学校六年生の時の作文「お父さんの死」　34
父の生い立ち　44
前郭旗の思い出　49
満洲での防疫活動と父　52
満洲国について　52
「ペスト防疫」活動　56
敗戦後の苦難と発疹チフス流行　58
父の部下であった長澤武先生のこと　60

父の顕彰――外務大臣表彰、酒井シヅ先生、東北大学医学部　63
外務大臣表彰状　63
酒井シヅ先生の御著書による紹介　64
東北大学医学部同窓会誌『艮陵新聞』での顕彰　66
〈補〉加藤家の来歴　70

二　母を支えて――凄絶な引揚げ体験のなかで

母を支えて――凄絶な引揚げ体験のなかで……73
母、加藤満《みつ》の生い立ち　74
母を助けた人は誰？　76
ララ物資への母の礼状　79
ＪＩＣＡ横浜海外移住資料館に母の礼状が展示　80
母の礼状　80
二〇一二年の「憩の園」訪問　85
ララ物資の周辺と「憩の園」　86
母が語る、父と家族――母の手記より　91

「満洲に残したもの」 92
母が語る筆者の生い立ちと、引揚げ船の惨状 95

三 「日本は必ず再興する」――敗戦・引揚げの苦難を乗り越えて …… 107

敗戦から引揚げのこと――岡本ミヨ子さんの追想から 108
新京での越冬――長澤待子さん「引揚げの日日」から 125
「日本民族は、きっと国家を再興すると信じます」
――吉井武繁氏の手記から 132
新京防疫の尊い犠牲――伊吹皎三氏「新京敗戦記」から 135
引揚げ船中の惨状 149
妹、悦子の戸籍作り 154

II ブラジルと生きる――父の志を継いで ―――― 157

満洲からブラジルへ 159

満洲移民とブラジル移民　159
早稲田大学海外移住研究会　160
経済大国・親日国ブラジルの誕生　162

一　私の歩み

一　私の歩み……165
満洲での幼少期〜仙台での高校時代　166
幼少期――満洲で生まれ、引揚げる　166
仙台で小学校入学――母子寮に住む　168
音楽が好き　170
死んだ小鳥を食べる　172
「色弱」により医師の道を諦める　174
中学生時代――柔道部のこと、アイゼンハワー大統領への手紙　175
仙台第一高校時代――合唱団に入る　177
早稲田大学時代　179
学生寮の思い出　179

六〇年安保闘争中の「事件」　181
学年末試験を放棄　184
学生バンドの興行大成功　185
「早稲田大学海外移住研究会」に入部　185
吉村善智君、田中秀幸君らとの出会い　186
卒業、ブラジル移住　189

ブラジル移住　190

南米銀行入行　190
渡伯（日本出帆—南米航路）　191
サンパウロの南米銀行本店　195
集金業務　196
南米銀行退行、移民生活　197
サンパウロで警察官に職質された時　198
「市《いち》」の仕事を経て、帰国　201
サンパウロの日系社会——「日本人は信用できる」　203

帰国して市場調査会社に勤務　206
フィールド・ワーク（アンケート調査）――ヤクザと対決　206
一九九三年東京サミット（G7先進国首脳会議）時の調査を受注　209
ブラジル日系社会を支援する　210
NPO法人「NGOブラジル人労働者支援センター」　210
NPO法人でのさまざまな支援の事例から　212
サンパウロ社会福祉法人救済会「憩の園」（及び同在日協力会）を支援　217
「日伯学園」建設構想を支援　218
ブラジルの日系移住地「ラーモス」――「私の町ラーモス」　223
ラーモスの「鎮守の杜」構想　226
日本移民が遺した書籍類の収集と保管　227
最後の活動――サンパウロ邦字新聞　228
NPOを解散し、日伯連帯研究所へ　231
「日伯連帯研究所」　231

大学等での講義活動　233
仲間への感謝　233
いま、人生をふりかえって　235

二　ブラジルから見た日本……237

ブラジル人が初めて見た日本人の印象　239
日本移民による農業開拓　240
東日本大震災に遭遇した日本人――宮尾進さんからのメッセージ　241
ブラジルにおける日本の人気　242
サッカーと柔道　243
日本の教育への関心　244
日系ブラジル人がつなぐ両国の縁　245
ブラジル日系社会と日本の連帯　246
ブラジルの国旗に記された言葉「秩序と進歩」　247

三　日伯友好・親善に関わり続ける……249
親日国ブラジルの発展に貢献した日本移民　250
日伯相互の絆――NPO法人の設立趣意書から　255
ララ物資と日系ブラジル人
――特定非営利活動法人としての再出発にさいして　258
在日ブラジル人等支援活動と「憩の園」　261
ルセフ大統領からのメッセージ　265
これからのブラジル日系社会への提言
――宮尾進氏論文「日伯学園建設こそ百周年記念事業の本命」の紹介　267
日伯連帯研究所「ＯＮＧ Ｔｒａｂｒａｓ」の設立　269
Ⅲ　これからの日本へ――満洲引揚げ少年の遺言――271
日本の未来を担う若者に伝えたいこと――私の体験から　273

父の死の瞬間に抱いた使命感　273
父母への言葉　274
在日外国人への不当な対応は、国益を損なう　276
日本は自らの底力を思い起こすべし　278
日本の憂うべき現状
——満洲引揚げ者・ブラジル移民だった著者から観て　282
満洲開拓とブラジル移民　282
自立せよ、日本　283
拉致問題への怒り　285
自分のことだけを考えていてはいけない　286
満洲引揚げ少年の、二十の遺言　288
おわりに——本書出版の意義　291
あとがき——謝辞として　295
参考文献　303

＊本書における引用は、原則として新漢字、現代仮名遣いにあらためている。原文どおりとしつつ、不自然な箇所等は改めた。

満洲引揚げ少年、ブラジル移民となる

満洲国地図

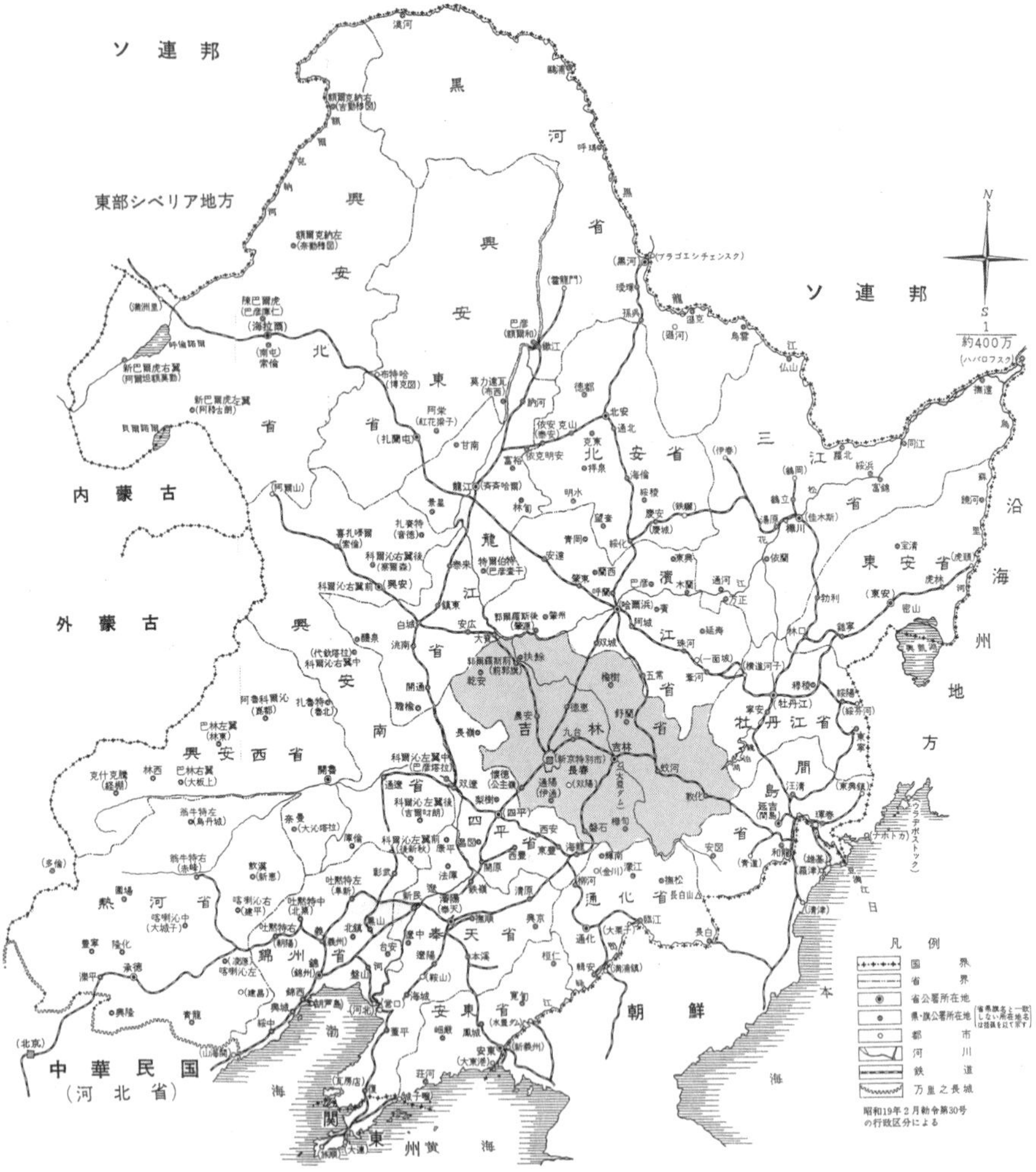

『碧空緑野三千里』（大同学院同窓会）より

吉林省をグレーで表示している

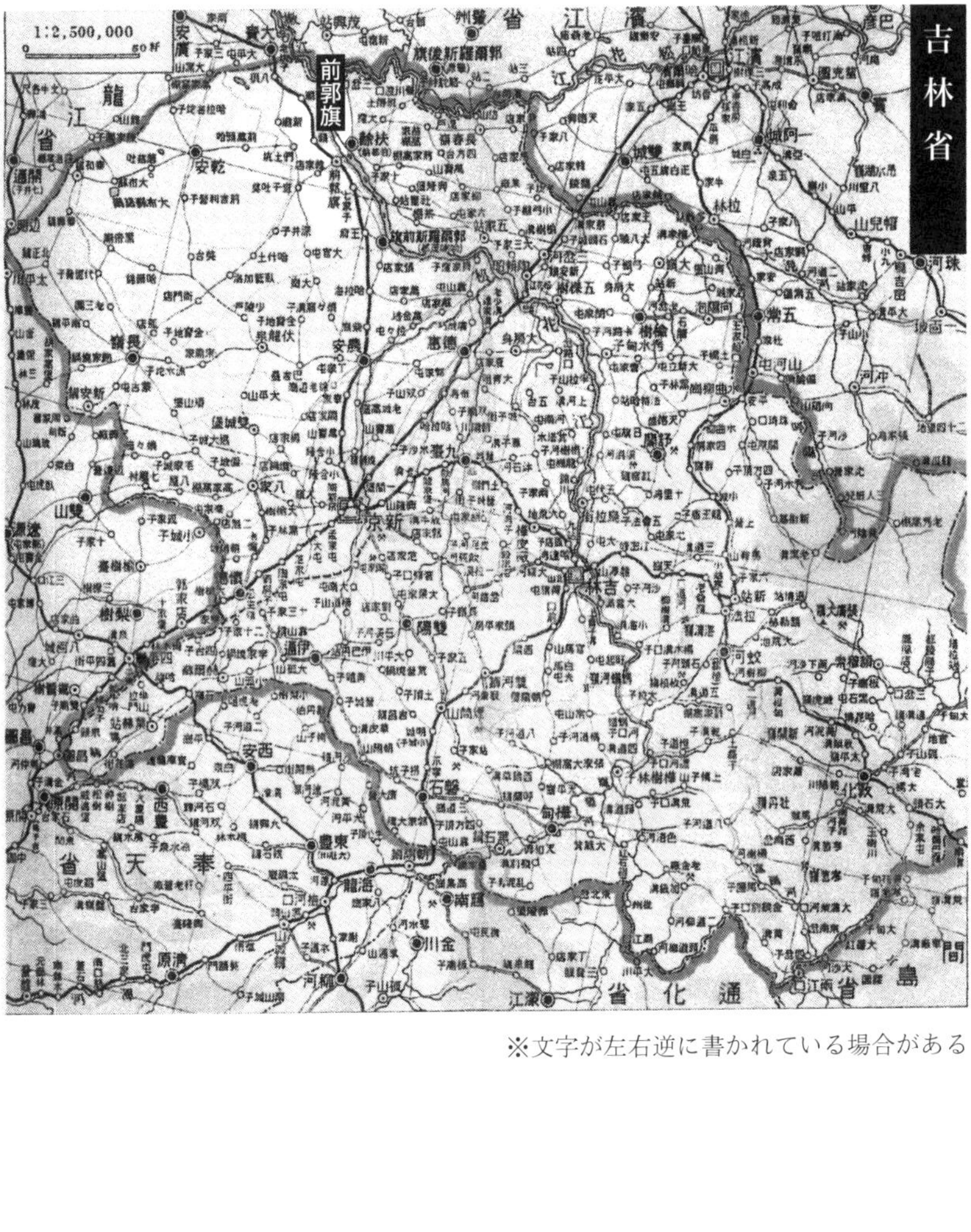

※文字が左右逆に書かれている場合がある

ブラジル地図

ロライマ
アマパー
リオグランデ・ド・ノルテ
パライバ
アマゾナス
パラー
マラニョン
セアラー
ペルナンブーコ
ピアウイ
トカンティス
アクレ
ロンドニア
アラゴアス
マットグロッソ
バイーア
ゴイアス
セルジペ
ブラジリア連邦直轄区
ミナスジェライス
マットグロッソ・ド・スル
エスピリトサント
サンパウロ
パラナ
リオデジャネイロ
サントス
サンタカタリーナ
リオグランデ・ド・スル
ラーモス移住地

献辞

＊故人は敬称略

本書を以下の人々に捧げる。

加藤正司（父）　元満洲国民生部「吉林省立前郭旗《ぜんかっき》ペスト防疫所」所長。旧制東北帝国大学医学部卒。長春日本人会（後、長春市日僑善後連絡所）防疫班長として新京邦人避難民約一九万人に蔓延する感染症「発疹チフス」防疫活動中に殉職（一九四六年一月、享年四十歳）。死後外務大臣表彰状受賞（一九七一年二月、満洲引揚げ時の同胞の救出救済活動等に関して）。

加藤　満（母）　戦後、夫加藤正司に関する資料を収集・保管し、筆者を含む三人の息子に託した。仙台市の旧制尚絅女学院高等科・英文科卒。二〇〇九年二月老衰で死去（享年百一歳六ヶ月）。

加藤悦子（妹）　満洲引揚げという動乱中に新京で生を享け、病弱ながらも過酷な引揚げの船中生活を家族と共に乗り越えた同志。一九四六年十二月一日、東京にて栄養失調のため死去（享年一歳一ヶ月）。

長澤　武

同元防疫所防疫官。旧制京城帝国大学医学部医学博士、大森内科・小児科医院院長、愛知県医師会監査委員長、名古屋市守山区教育委員長、金城学院大学講師。二〇〇五年三月逝去（享年九十歳）。

十川淳（旧姓古谷）同元防疫所防疫官。旧制岡山医科大学医学部医学博士、十川病院院長、岡山県西大寺市教育委員長、同ライオンズクラブ会長（ゾーンチェアマン）。一九七五年六月逝去（享年五十九歳）。

宮崎三郎

元同防疫所防疫官、加藤正司亡き後の新京の発疹チフスやコレラ防疫実働部隊の指揮者。コレラ防疫活動中に殉職（一九四六年八月）。死後、外務大臣表彰状受賞（一九七一年二月、満洲引揚げ時の同胞の救出救済活動等に関して）。

同元防疫所職員及びその**ご家族・ご遺族**

元満洲国民生部、「大同学院」関係者及びその**ご家族・ご遺族**

加藤紘捷（筆者実弟。加藤正司三男。元日本大学教授）、**阿幸**（弟妻。元清和大学教授。台湾の名家出身）

紘捷は早死にした父の顔も覚えていないと思うが、過酷な引揚げ船中も苦しかった母子寮での生活においても何ら家族の足手まといにならず、常に**for the team**（加藤家）の精神だった。その証拠が、妻阿幸が行方不明だった父の論文を探し当てたこと、そして前郭旗慰霊の旅であった。日中国交回復後ではあったが、あの難しい時期に、長澤先生に率いられた訪中団（慰霊の旅）で、夫婦で前郭旗のペスト防疫の事績を中国人民政府に認めさせたことは、特筆大書されるべきであり、前郭旗防疫所を甦らせたに匹敵する。父達の仕事（日本人の底力）を明らかにし、無念の死を晴らしたと言っても過言ではない。夫婦に天晴れと言う他ない。ありがとう。

加藤博久氏（加藤家第十六代当主）

加藤敦子氏（加藤家第十五代当主、加藤清光氏妻、加藤博久氏の母）・**及川美智子氏**（加藤敦子氏長女）

加藤家の来歴を山形県酒田市にて調査、筆者の父加藤正司と加藤清正・忠廣公との関係を突き止めた。（本書所収「加藤家の来歴」参照）

兄・**加藤精也**、義姉・**加藤泰子**

本書を三人の子供と四人の孫、六人の甥・姪等に捧ぐ。

長男**加藤一平**（ソルクリニック血管ケア駒込院長）、同妻**加藤小百合**（オペ看、看護師）、孫**日向**（高三）、同日花里（中三）。次男**加藤文太**（脳神経内科医）。長女**神田祥子**（薬剤師、泌尿器科医神田壮平妻）、同孫**倫太郎**（小五）、孫**文目**（小二）。甥**加藤高裕**（浜松町メンタルクリニック院長）、故**加藤明裕**、**加藤大鶴**（早大教授）、姪**加藤雪子**（会計コンサルタント。米国在住）、**小原華恵**（教師）、**加藤弥生**（横浜美術大准教授）。

元早稲田大学海外移住研究会（「移住研」）、現早稲田大学海外移住研究稲門会（移住研稲門会）

本書「はしがき」を参照。

今村邦夫・忠雄氏ご兄弟　元日大国際移住研究所主宰。戦後の日本人の、主として中南米への海外移住を啓蒙・促進した、当時の海外移住を志す大学生の中心的存在。当時の外務省の国策として、農家の次三男対策、外地からの引揚者のための失業対策等のための海外移住政策があった。この政策を元に、当時の全国の約八十大学内に「〇〇大学海外移住研究会」、「〇〇大学海外研究会」等の名称で研究会が設立され、これらを傘下に、同兄弟等が中心となって「全日本学生海外移住連盟（略称「学移連」）」が組織された（一九五五年四月。一九九七年解散）。筆者も学生時代に所属した「早稲田大学海外移住研究会」もその一つである。同時期、同研究会の創設（一九五四）に関わった富田眞三氏（筆者の同研究会の先輩）は、同兄弟と同志・盟友であったが、米国滞在中に病没（二〇二三年十二月）。筆者は富田氏及び筆者の実弟（元日大教授加藤紘捷）の紹介で、ご兄弟の知己を得た。同兄弟のお陰を以て、筆者を含む多くの全国の大学生が卒業後海外（ブラジル、アルゼンチン、パラグアイ等、主に中南米諸国）に移住（移民）した。

大島幸夫氏

毎日新聞記者、同紙特別編集委員、ジャーナリスト、作家、ペンクラブ会員、ボストンマラソンランナー、障害者マラソン伴走者（大隈総長賞受賞）。マッターホルン登頂等で著名、東京マラソン発起人。二〇二四年九月逝去（享年八十八歳）。おしゃれで教養人の同氏は筆者に本書出版を勧め、共著の提案も受けたが、病没。書評を書いて貰うことになっていたが、残念でならない。御冥福を祈るのみである。

吉村善智氏

移住研で筆者と同期・盟友、学生時代は移住研、落研、柔道部に所属（四段）、大学卒業と同時に柔道師範としてアルゼンチンに招かれ移住、身体を壊して帰国。筆者もブラジルから帰国したので、互いに移住挫折組として今も交流を重ねる無二の親友である。本書出版を勧めてくれた一人でもある。帰国後、

田中秀幸氏

水産商社㈱ウミマール設立、渋谷区円山町花街復活支援活動にも従事。移住研で筆者の一年後輩で盟友。頭脳明晰な彼は、筆者と同じくサンパウロの日系銀行「南米銀行」に勤務。退行後「ラテンアメリカ情報社」を設立、ブラジルJETROの仕事を受注（日本の大手ブラジル進出企業の市場調査業務）、帰国後筆者と共に認定NPO法人「NGOブラジル人労働者支援センター」を設立、在日外国人（就中日系ブラジル人、ペルー人）支援活動及び日伯交流に貢献した。二〇二四年一月病没（享年八十二歳）。氏の調査報告書は現在もJETROライブラリーに数冊納められている。

NPO法人「**NGOブラジル人労働者支援センター**」、「**日伯連帯研究所**（ONG Trabras）」

本書「あとがき」を参照。

菅山鷲造氏

日本戦災同胞救援委員会聖市（サンパウロ市）地方委員会委員長。筆者の母（加藤満）が書いたララ物資への「礼状」（昭和二十四年［一九四九］一月二十八日、贈物を手にした夜半、仙台市小田原更生寮二寮一號　加藤満子＝加藤満）を、同物資収集促進活動に活用し（それを促進用宣伝文に貼付）、その一枚をブラジルから持参訪日、母に手渡してくださった。往時の両者の手紙のやりとりは全て宮城県庁の移住家族会担当部局に届けてあったと聞くが、今は存在しない。

渡辺・ドナ・マルガリーダ　ブラジル日系移民の母とも呼ばれる。サンパウロでララ物資収集・梱包・日本への発送を担った社会福祉家。日本移民・高齢者支援「救済会」（現サンパウロ社会福祉法人救済会。現日系高齢者施設「憩の園」）運営。筆者の母と交流（文通）があった。エスペラント語（国際補助語）の存在を母に伝え、母が筆者にそれを教え、筆者も当時興味深く思ったことを覚えている。現在「憩の園」の玄関入口側壁には同女の胸像が刻まれている。

筆者は一九六四年（二十三歳）にブラジルに移民として渡ったが、ララ物資の恩恵を受けたことは当時（筆者十歳前後）遥かに遠い記憶に過ぎず、帰国後ブラジル人支援活動に携る中、二〇一二年九月に盟友田中秀幸氏と訪伯した際、初めて日系高齢者施設「憩の園」を相田祐弘氏（当時救済会副会長、ブラジル稲門会会長）に案内されて訪問し、感無量だったことを覚えている。（参考文献・前山隆編著『ドナ・マルガリーダ・渡辺』御茶の水書房）

尾中弘孝氏（元ラーモス日伯文化協会理事長）、**可志子夫妻**　剣道師範、当地に剣道を普及させた。

Ⅰ　父と母、そして私の満洲

一　殉職した父の思い出

——吉林省ペスト防疫所所長・加藤正司

小学校六年生の時の作文「お父さんの死」

以下の作文「お父さんの死」は、生前母の手元に残されていた、筆者の小学校六年生時のものである。この作文は、筆者の人生行路の強力なエンジンとなったが、同時に筆者の生涯を呪縛し、遂には筆者がブラジルに移民として渡る遠因にもなったのである。

作文の末尾にある「大きくなったらお父さんを慰めたい」の部分は、まさに母の思いそのものであった。母も著者もこの思いを背負って生涯を貫いて来たと言っても過言ではない。筆者を非常に頼りにしていた母は、それを筆者に託し、筆者もそれを当然のこととして受け止めていた。

しかしながら満洲国政府のペスト防疫所長として大きな科学的業績を挙げ、「ペストの神様」とまで評され、非業の死を遂げた医師である父を慰めるということは簡単なことではなく、まさに蟷螂《とうろう》の斧であった。筆者にとっては余りに重荷だったのである。加えて中学時代に筆者の目が悪いことがわかり、医学部受験を断念せざるを得なくなったことが、筆者の前途に大きな壁となって立ち塞がったのである。

筆者の父が亡くなったのは、昭和二十一年（一九四六年）一月三日未明である。敗戦当時、満洲国首都新京市（現長春市）に集結する約二十万人とも言われる邦人避難民を襲い、万を超す死者を出した感染症「発疹チフス」による死であった（母の話によれば父達感染症の専門家は感染ルートからみてこれはソ連［現ロシア］が日本に仕掛けた〝細菌戦〟であると喝破・断定していたという）。これはいずれ検証する必要があるし、検証可能と思われるので、世の研究者にそれを呼びかけたい。ロシアに必ず責任を取らせなければならない。これも「父を慰めたい」筆者の最後の挑戦となろう。

当時、新京の日本人会、及び中国側から発疹チフスの防疫班長を懇請され、引き受けた父が、不幸にも自ら同病に罹患・感染して、非業の死（殉職）を遂げたのだ。

亡くなる時、家族全員を枕元に呼びよせ、一人びとりに言葉をかけ、筆者には「よしのりはやっぱり青い顔をしているなあ」と仰って、最後に胸を開いて「みんなをポケットに入れてつれていきたいなあ」と言って、涙を流した。

父が高熱を発し、倒れてから、既に二週間の闘病生活が続いていた。毎日リンゲル注射が太ももに点滴されていた。五寸釘ほどの太い注射針で、父は苦痛の唸《うな》り声をあげていた。後で分かったのであるが、多くの看護婦さんたちが交代で、痛みを和らげるため、熱い蒸しタオルで太ももにマッサージを施していたが、その熱さにも耐えられなかったらしい、と母が言っていた。罹患しても、三十代の医師は助かったそうであるが、父は四十歳だった。あと二、三日高熱を凌ぐことができれば助かるといわれていたが、限界だった。宿舎の全員の祈りも空しく、父は息絶えた。

父を亡くし、宿舎のあった前郭旗の仲間は落胆し、絶望に打ちひしがれた。筆者は絶望という言葉は知らなかったが、本能的に、愛する父との永久の別れであることは分かり、底知れぬ大きな不安が胸を過《よ》ぎっていた。

その時残された家族は五人。母三十九歳、兄一年生、筆者はもうすぐ五歳、弟二歳四ヶ月、女の赤ちゃん三ヶ月だった。翌四日に父の関係者・友人数名が参列、寂しく簡素な葬儀が営まれた。父の最後を看取った古谷《こや》先生（後年十川《そがわ》先生）が読まれた弔辞「巨星遂に落つ……。」（巻物に達筆で墨書）は、我が家の家宝として兄の手元に遺されている。

葬儀中、父の死を受け容れられずに激しく泣き叫んで止まない兄、それを必死に宥《なだ》めながら取り乱す母。我が家の修羅場だった。筆者はそれをじーっと見ていた。筆者の人生の原点であり、波乱万丈の人生の幕開けの瞬間だった。そのとき私は「母を守り抜く」ことを固く決意し、同時に〝父の跡を繋がなければならない〟という「使命感」を強く胸に抱いた。

父の白木の棺が、当時住んでいた新京の旧満鉄宿舎の二階の窓からロープで引き下ろされ、馬車に乗せられ、零下三十度という酷寒の凍てつく道を動き出した。馬車を引く馬が吐く、白く長い息が、遠くまで見えた。焼き場に運ばれて行くことを知らなかった筆者は、一体どこへ運ばれていくのだろうと訝しんで、いつまでもいつまでも馬車を目で追いかけていたことは、今も鮮明に憶えている。

「大きくなったらお父さんを慰めたい」という願いは、筆者の実弟（加藤正司三男・紘捷《ひろかつ》）が過日出版した『ペストは冬、どこに潜むのか』（ロギカ書房、二〇二三年四月三十日発行）という著書で、父の科学的な事績をはじめて世に明らかにしたことにより、叶えられたと言え、高く評価したい。

母が晩年、筆者に対し、何故か父の「手帳」を形見として譲り渡したことは、筆者の労苦へのねぎらいだったとも見えるが、同時に、筆者の長男（加藤一平）が医学の道を歩み始めたことを喜んでくれた祝いの品とも思えるが、それ以上に、それは父の「ペスト」、「前郭旗ペスト防疫所」への無限の愛と永遠の思いを感じさせる以外の何物でもなかった。

なお、父が満洲のペスト防疫と撲滅に関する論文を発表した後、内地の（日本国内の）新聞記事に、父を「ノーベル賞アジア人第一号か」と書かれたと、母は父から聞いたとのことであるが、その記事は未だ見つかっていない。

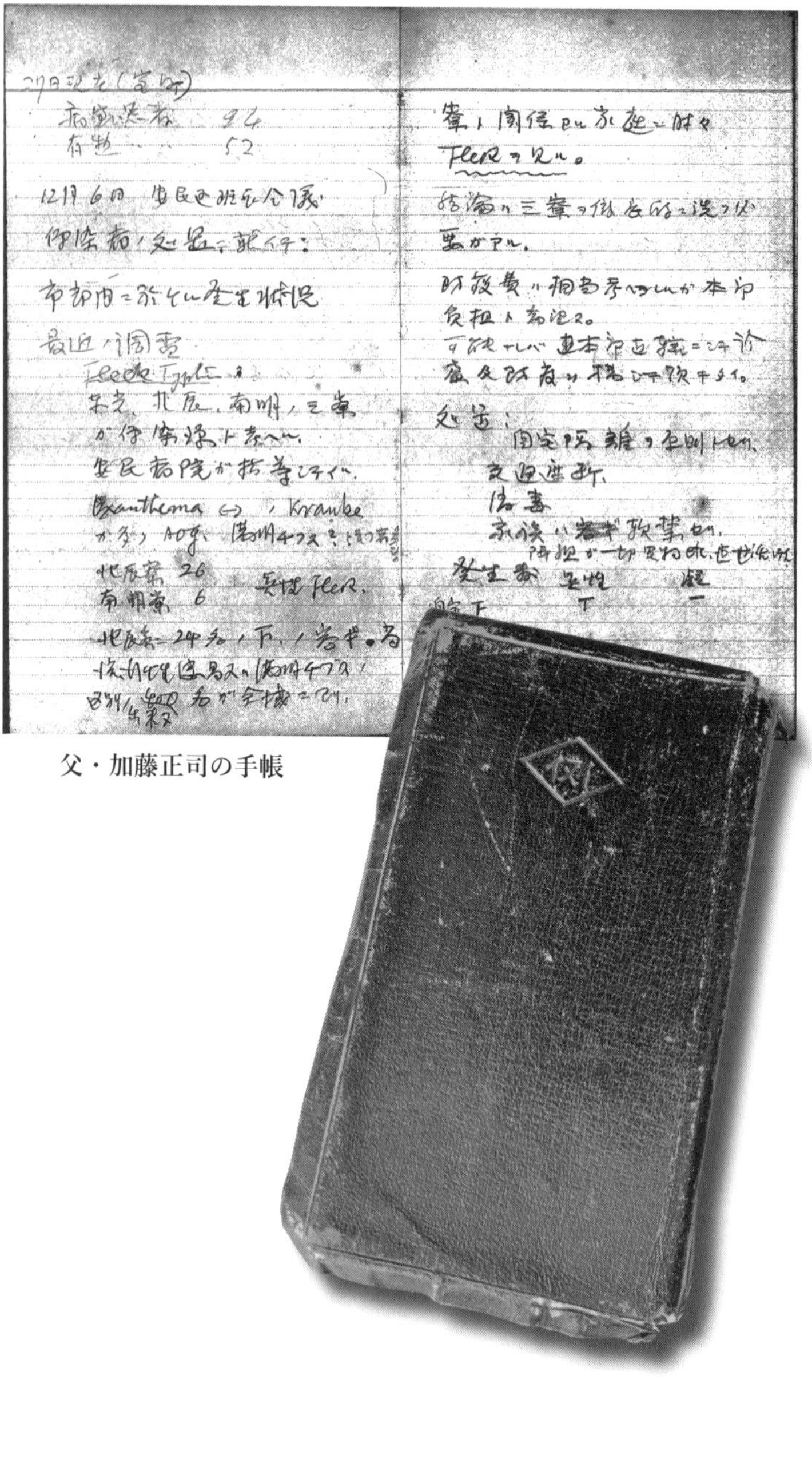

父・加藤正司の手帳

お父さんの死　（宮城県仙台市立北六番町小学校　六年三組　作文）

昭和二十年八月十二日　ソ連の軍隊が二時間先に来たと云うので夜中の十二時ごろ急に逃げる仕度をして次の日午後三時半、八年間住みなれた前郭旗をあとに汽車に乗りました。満洲にはめずらしいどしゃぶりの雨でした。

お父さんは別な方面に行くとおっしゃって別れのさかずきをかわしてお母さんには青さん加里を渡されたそうです。つかっていた満人の人たちは、びっくりして泣いて別れをおしんでくれました。

五時間汽車に乗ると新京に着きました。みんな心配そうな顔をしながら一夜を汽車の中であかしました。お母さんたちは持って来た食物で共同すいじを始めました。

次の日の夕方頃前郭旗方面から最後の汽車が来ました。それは屋根のない汽車で兵隊さん達がいっぱい乗っていました。その中から軍服すがたのお父さんを見つけました。みんなおどりあがって喜こびました。別な方面にもロスケ（ロシア兵の蔑称）がはいっていて、どこへも行かれなくなったため、ようやくこの汽車に乗って出てこられたことをききまして、みんなほっと安心しました。ところが夜になったらロスケを新京でくいとめるように決まりました。そして六十歳以下の男の人は、全部戦いに出ることになりました。汽車に乗っていた私達の団体は大和ホテルにたてこもることになりました。お父さんはざいごう軍人分会長だったのでみんなをひきつれて行くことになりました。その時はほとんど若い人達は戦争に行っていたので少ない男の人達を大変頼りにしていたので、駅のホームで別れのあいさつがあった時は、みんな女の人達は泣きました。

次の日おひる頃日本が「無じょうけんこうふく」をしたというような、聞きなれない言葉のデマがいろいろとびました。汽車に乗っていた人達は全部ホームに降りてあっちに行ったりこっちに行ったりして何ですか、何ですか、とききあいました。

しばらくするとお父さんの助手の人が泣き泣き汽車に入っていらして天皇陛下のラジオ放送があったことを知らせて下さいました。みんな車内の人はうつむいてひとことも声を出す人がありませんでした。その日も新京の駅でくれました。

この汽車にいっぱいの人達をこれから何処へ連れて行ったらよいかという相談のためにお父さんはちっとも私達の所には来ていただけませんでした。新京の駅は見るみるきたなくなって、うっかりすると「うんこ」をふみそうで歩けませんでした。

次の日どこかへ行くことになって汽車が動き出しました。それから二週間苦しみの旅を続けました。時々ロスケが入って来て私達をふるえあがらせたり、沢山お金を出さないと満人が汽車を動かさないと云ったりしました。その度お父さんはみんなの安心する所にどうして連れて行かれるかと心配なさいました。おなかをこわす人が出て来たり、赤ちゃんを生む人が出て来たり、貨物列車なので、その上人はいっぱいだし、お母さんもだんだんごはんもほしくなくなりました。二週間汽車の旅を続けましたが、とうとうロスケにさまたげられて暖かい方で冬をくらそうと思いましたが、鉄嶺まで行って結局新京に戻ることになりました。二千人位の人はみんなあちらこちらに別れてしまいました。

新京には沢山知っている人があったのでおふとんや着物などをもらいました。長い間いっしょにくらした前郭旗のペスト防疫所の人達はみんな仲よく六けんの二階建ての家をかりて、となりあって住むことになりました。るす家族の人もあったので共同生活する人もありました。あったお金はわけ合いましたが、これからの生活のためにお父さんはさっそく病院をおひらきになりました。ロスケにかくしてよい薬をたくさん持っておられたのでよく効くために病院はとてもよくはやりました。それによいお医者さんが四人もいっしょにおられました。

その頃遠い満洲の国境から難民の人達が毎日千人以上もぞくぞくと新京に来ました。その人たちは四十日位も歩いて来た人なので体中「しらみ」だらけでした。それで新京の町は発疹チブスの町と変りました。その時お父さんは日本人会からたのまれて発疹チブスの防疫班長になりました。

難民が事務所にぬいだオーバーから染ったのか、又は難民のたまり場をしらべにいらした時うったのか、とうとう発疹チブスにかかりました。十二月二十二日の晩発熱、一月三日のあけ方亡くなりました。

毎日熱が高かったのでうわごとばかり云っておられました。それは前郭旗に帰って発疹チブスの研究をしたいということでした。日本が負けたから僕が所長になれないから郭君（満人の医者）が所長になって必ず発疹チブスを治す方法を研究するということでした。お父さんはペストの研究を長く続け、早くみつけたならば治す薬もわかり又どうしてペスト菌が毎年夏近くになると出てくるか、どこにそれまでかくれているか。という一番大事な問題を解決なさいました。大変きけんな仕事でありましたが誰も感染したことがなかったのに自身が発疹チブスに倒れたことは非常に悔しいということでした。

亡くなる時、子供達一人びとりを呼んで僕には「仁紀はやっぱり青い顔をしているなあ」とおっしゃったのを今でもぼんやりおぼえて居ります。最后に胸をひらいて「みんなをポケットにいれてつれていきたいなあ」と涙を流しておっしゃいました。その時お兄さんは一年生、僕はもう少しで満五歳、弟は満二歳半、女の赤ちゃんが三ヶ月、お母さんは長い汽車の旅のために体がすっかり悪くなり、赤ちゃんはよその人にお乳をもらい、お父さんの亡くなるころようやく起きられるようになったばかりでした。

お父さんの白いお棺が、〇下三十度もあったあの寒い日　二階の窓からつなでおろし、荷車ではこばれていったあの時のさびしそうなじょう景を一生忘れることは出来ないとお母さんは云っています。

お父さんは戦死なすったのでもなく又ペストという病気は日本にはありませんのでお父さんは満洲でうずもれてしまわれました。ほんとうにお父さんは、きのどくです。戦死でなくてかくれてきのどくな人がたくさんいます。僕は大きくなってお父さんのくやしかったことをなぐさめて上げたいと思います。

父の生い立ち

加藤正司は、一九〇五年（明治三十八年）二月三日、加藤家第十二代当主小三郎、妻はつせの七男として、宮城県登米《とめ》郡大字赤生津《あこうづ》保手《ほで》六一番地に生まれた。宮城県立旧制佐沼中学校、旧制静岡高等学校文理四回理科乙類（独語）を卒業。一九二九年（昭和四年）四月に旧制東北帝国大学医学部入学、一九三五年（昭和十年）三月、同学部を卒業した。同年国策に応じて渡満。同年四月、満洲国立官吏養成所「大同学院」（第四期生）に入学、翌年二月卒業。満洲国新京衛生技術廠入廠、後吉林省前郭《ぜんかっ》旗《き》ペスト防疫所長として赴任。

幼少時は村で神童と言われ、御神楽上手で村祭りではいつも舞台で踊っていたとのこと。実母を早くに亡くして、里子に出されて苦労したらしく、自分のことを『次郎物語』（下村湖人作）の幼少期の主人公・次郎にそっくりだった」と母に語っている。

長じて小柄ながら二十歳で柔道初段、徴兵検査甲種合格、エネルギッシュで「ホルモンタンク」と綽名され、酒豪、チョビ髭。人情に厚く、「富も名誉も地位も要らない」男と評されていた。

旧制静岡高等学校時代、街の屋台でヤクザを相手に喧嘩。叩き割った一升瓶を片手にヤクザを追い払ったという武勇伝の持ち主。茶っ切り節が得意で当地の芸者衆に人気があったとのこと。民謡江差追分《えさしおいわけ》の名手でもあったという。

子煩悩で、釣りが好きだった。鯵《あじ》が好物で「鯵男」と綽名されていたとか。そして奈良興福寺の阿修羅像が好きだったとのこと。「散歩唱歌」（「来《きた》れや友よ打《うち》つれて／愉快に今日は散歩せん／日は暖かく雲はれて／けしき勝《すぐ》れてよき野辺《のべ》に」）が好きで、散歩の際、子供たちの前でよく口遊《くちずさ》んでいたらしい。

なお、母は、父の顔を知らない弟に対して「お父さんは、本当に優しかった」、「一度だって重いものを持たせてもらったことがない」、「弱い者ほど大事にした」、『積善余慶《せきぜんのよけい》』がうちのモットーだからね」、「偉大な医師でもあった」といつも言い聞かせていたそうである（加藤正司の三男、筆者の実弟、元日大教授の加藤紘捷編、母の白寿記念誌『南天の実』二〇〇六年七月より）。

父・加藤正司
（1905-46）

また、母が私に語ったところによれば、父は苦労して育っただけに引揚げ中の修羅場でも自身は本領発揮の気分でいたらしく意気軒昂で、

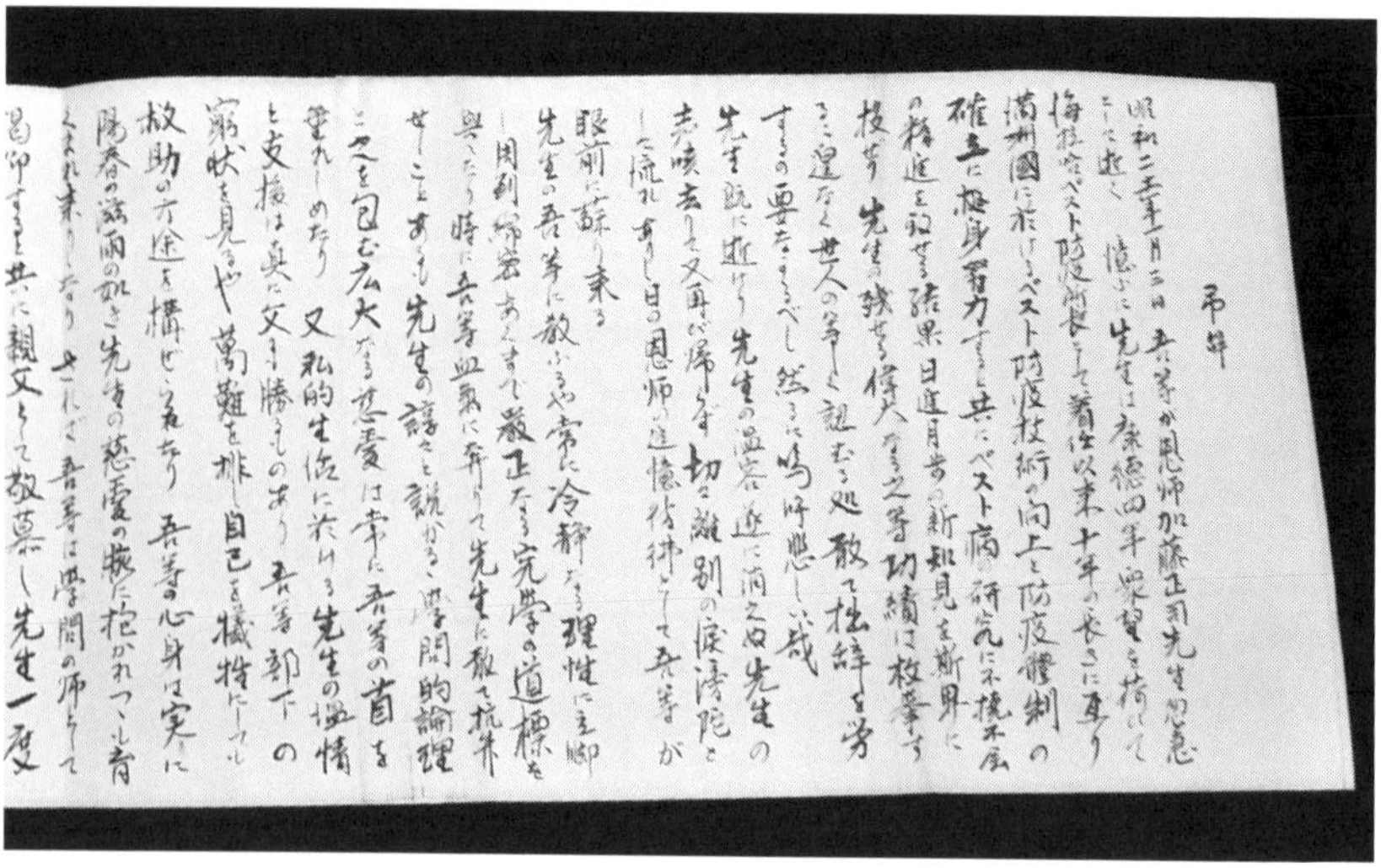
弔辞
昭和二十一年一月三日 吾等が恩師加藤正司先生の急逝
に逝く 憶ふに先生は康徳四年栄望を荷ひて
海拉爾ペスト防疫所長として着任以来十年の永きに亘り
満洲國に於けるペスト防疫技術の向上と防疫体制の
確立に挺身努力すると共にペスト病の研究に不撓不屈
の精進を致せる結果日進月歩の新知見を斯界に
投ず 先生の残せる偉大なる足跡功績は枚挙する
に遑なく世人の等しく認むる処 敢て拙辞を労
するの要なかるべし 然るに嗚呼悲しい哉
先生既に逝けり 先生の温容遂に消えぬ 先生の
声咳去りて又再び帰らず 切々離別の涙滂沱と
して流れ 尽くし日の恩師の追懐往事として吾等が
眼前に蘇り来る
先生の吾等に教ふるや常に冷静なる理性に立脚
し周到綿密 あくまで厳正なる究学の道標を
与へたり 時に吾等血気に奔りて先生に教を抗弁
せしこともあるも先生の諄々と説かるる学問的論理
に吾を包む広大なる慈愛は常に吾等の首を
垂れしめたり 又私的生活に於ける先生の温情
と支援は真に父の情に勝るものあり 吾等部下の
窮状を見るや萬難を排し自己を犠牲にしても
救助の方途を構ぜられたり 吾等の心身は実に
陽春の満雨の如き先生の慈愛の懐に抱かれつゝ育
くまれ来りしなり されば吾等は学問の師として
渇仰すると共に親父として敬慕し先生一度

古谷（十川）淳先生の弔辞（1946年1月4日）

防疫職員に対して「日本に帰ったら、次はインドペストの防疫をやろう」と意気込んでいた、とのことであった。

外務大臣表彰状にも記載されたように、「敗戦後、治安の紊乱する満蒙地区において引揚げ時、一身の危険を顧みず、同胞の救済に当った」という明治生まれの気骨ある男だった。

防疫所職員永沢進氏の手記「慣れの恐ろしさ」（長澤武編纂『満洲吉林省のペスト防疫を担当して（下）』収録）によれば、同氏が除隊して新京に戻ったとき、多くの日本人元幹部は自身の所属を隠し、匿名でいたが、先生は「加藤正司」と本名を名乗っていて、思った以上の先生だったと誇らしく思ったこと。そして「先生が戦前の日本人は誤った考えで、自分達は東洋の指導者であると他国の者を見下し、中国と手を結ぶ事は無かった。敗戦した今こそ対

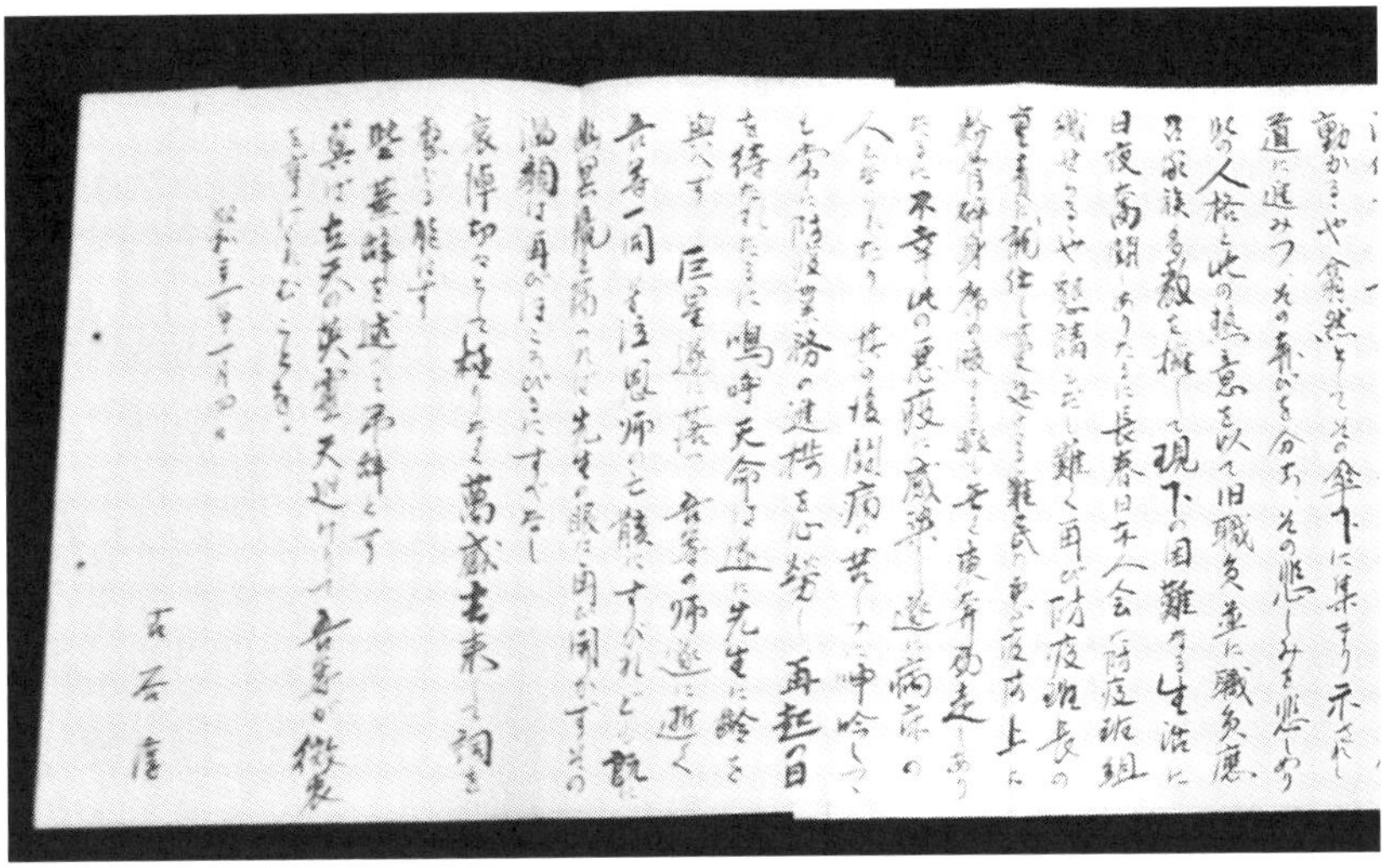

等に手を結ばなければならない。それには敗戦後の日本人の姿を見せ度くない。余力のある日本人は力を合わせて難民を救う以外に方法が無い。私達は天職の防疫面で最小限の被害で食い止めねばと発疹チフスの防疫班長を引き受けられたのだった」とある。

防疫班長の仕事は過酷だった。父の大学の先輩、伊吹皎三氏（東北大学医学部医学博士、元宮城県衛生部長）著「新京敗戦記」にも、詳細に書かれている。

父の葬儀では、元防疫所の部下、古谷《こや》（後年十川《そがわ》）淳元防疫官（岡山医科大学医学部医学博士）が弔辞を読まれた。葬儀は、父の死の翌日、一九四六年一月四日に営まれた。大同学院の父の同期生数人も参列されたが、簡素な寂しい式だったという。父の臨終の言葉は、連日寝ずの看病を続けた同防疫官に対する感謝と別れの言葉「こやー（古谷）……」だったという。

弔辞は、「巨星遂に落つ」という名文かつ達筆で墨書された巻物で、私は青年期に至るまで、辛いときはいつもこれを父の仏壇の引き出しから密かに取り出して読み返し、父のことを思い、慰め励まされていた。現在もこれは我が家の家宝として、長澤武元防疫官の「手記」と共に遺されている。なお、父の臨終時、長澤元防疫官は、腸チフスに罹り、高熱で意識不明、生死の境を彷徨っていた。

父の実家のある宮城県登米市豊里町の「豊里公民館広報」（令和三年五月号、五月一日発行）に「高い志で生涯を駆け抜けた医師」として、父のことが取り上げられている。一九四六年一月引揚げ中に死亡し、故国に生還できなかったが、あたかも里帰りが実現したかの如くで、家族としては喜ばしい。

同じく加藤紘捷（著者実弟）著『ペストは冬、どこに潜むのか——満洲で身を挺して解明に挑んだ医師』（ロギカ書房、二〇二三年四月）の書評が、父の出身地の『河北新報』で報じられ、顕彰されたことも、家族としては大変喜ばしい。

前郭旗の思い出

吉林省ペスト防疫所は、前郭旗《ぜんかっき》というところに所在した。背後に松花江という大河が滔々と流れていた。そこに父が魚釣りに連れて行ってくれた憶えがある。遠くに見える川の中の「浮き」が、目の錯覚で走っているように見えるが、一点を動かないでいることが、不思議でならなかった。そこで捕れたかは分からないが、「のうほう」という大きな川魚を、家族でよく食べた。父が大きな骨を除いて、小骨ごと噛み砕いて、団子状になったものを子供たち一人一人の口に箸で入れてよく食べさせてくれた。「牛乳は噛んで飲め」と教えた。

お正月になると、宴会で食べる大きなスッポン料理が一番の御馳走であった。そのスッポンのしめ方であるが、父が井戸（高さ五十cmくらい、直径一mくらいの円形のコンクリート製のマンホール）の上でスッポンの首に縄を巻き付けて引っ張り、首が伸び切ったところを、鉈《なた》を降り下ろしてちょん切るのである。すると千切れた首が数十センチも高くピョンピョンと撥ね飛んで、しばらくの間のた打ち回る。父は首のないスッポンの甲羅を逆さに吊るし、首から流れ落ちる血を小さなガ

父に抱かれる筆者（前郭旗防疫所附近）、1歳の誕生日のころ

ラスのコップに受け止めていた。体の弱い人に飲ませるためであった。

父たちは、秋から冬にかけて霞網《かすみ》で雀を獲った。網にかかった大量の雀の鳴き声と羽音は耳を劈《つんざ》いた。父たちは捕まえた雀を素早く次々と親指で頭を潰して、羽根を毟《むし》り取る。それを見て私は驚き泣いたが、雀は次から次へと容赦なく醤油につけられ、傍らに置かれた真っ赤に燃えるストーブの蓋の上に乗せられ、ジュージュー焼かれる。熱々の焼き鳥が出来上がる。泣きながら食べたその美味しさは、今でも忘れられない。

冬は酷寒の地で、大雪が積もっていた。便所の壺の中は、便が凍って積もって盛り上がってくるので、父たちがときどきトンカチで砕いていた。立小便をするとたちまち凍った。

父が玄関先で木の橇《そり》を作って、乗せて遊ばせてくれた。母がコップに水と砂糖を入れて屋外に出すと、すぐアイスキャンデーが出来た。家の窓際に、生まれたばかりの二匹の土鳩《どばと》がボロの羽を震わせ、ココッココッと鳴いていた。そのような平和な時が、突然暗転した。二時間先にソ連軍が迫っているという。慌ただしく前郭旗を離れ、新京に向かった。翌日、新京駅で停車中の引揚げ列車に乗っていると、ホームから窓に突如父が現れ、皆喜んだ。窓枠に水筒のコルクの蓋を開けて乗せていたが、線路に転がり落ちた。命を繋ぐ貴重なものだったので、子供心にもその時の残念で申し訳ない気持ちが、今も心に残っている。

満洲での防疫活動と父

満洲国について

満洲国は、一九三二年（昭和七年）三月一日、現在の中国東北部（現中国吉林省の一部）に建設された日本の「生命線」、「共産主義の防波堤」として、必然的に生まれた国家であった。一九四五（昭和二十年）八月十五日、第二次世界大戦における日本の敗戦と同時に事実上崩壊した。喰うか喰われるかの帝国列強時代、世界史の大きな渦と流れの中で誕生し、「民族協和」、「王道楽土」を建国理念に掲げながら、わずか十三年余で消滅した。

私は、一九四一年（昭和十六年）一月十四日、父加藤正司《まさし》・母満《みつ》の次男として、満洲国で生まれた。戸籍簿上の出生地は、満洲国新京特別市（当時の満洲国首都、現長春市、以下単に「新京」と言う）蓬莱町一丁目十五番地である。敗戦による引揚げ途上の新京にて四歳で父を失い、五歳で日本に引き揚げた。物心がついた時は引揚げという逃避行の真っ最中であった。

今や満洲は残念ながら侵略・敗戦・崩壊・引揚げという日本の負の遺産となってしまい、日本人は誰しも余り思い出したくない国であろうし、いずれ語る者、語れる者はいなくなるであろう。現に二〇二二年は満洲国建国九十周年の節目の年であったが、満洲のことが巷間で話題になることはほとんど無かった。私自身もこれまで家族（妻子）にさえも、満洲のことは何も語ってこなかった。私にとっては余りにも辛く、悔しく、空しい思い出の地であるし、妻子に限らず満洲引揚げ者以外の人に対しては、何を語っても今とは時代的次元が違い過ぎて、到底理解される話ではなかったからである。

しかしながら満洲は、私にとっては言わば〝祖国〟である。満洲生まれなりの密かな意地と矜持をもって、今日まで生きて来たつもりである。私たち家族（母と兄弟）は満洲国に挺身し、引揚げ中に殉職した父のことを誇りに思い、一日たりとも忘れたことはない。しかし、私も傘寿を越え、このまま何も語らず、思いを残したままこの世を去ることは、子孫に対しては無責任、亡き両親に対しては不孝という気持ちが年々強まっていたことも否めない。そして何より自分自身の満洲引揚げとブラジル移住にまつわる人生について、そろそろ総括しなければ往生できないという心境に至ってもいた。

とくに私の父、医師・加藤正司が、当時所長として職員とともに命懸けで取り組んだ満洲国民生部の「吉林省ペスト防疫所」（吉林省前郭旗《ぜんかっき》に所在、以下「防疫所」）の活動と業績は、新型コロナウイルス到来の現代に鑑《かんが》みても、感染症史上に記しておくべきであり、またおかなければならないと思う。戦後、母は、父の関係者から「満洲は崩壊して何も残らなかったが、加藤所長たちの『ペスト防疫』という〝科学的な業績〟だけは遺って良かった」と慰められてはいた。それは一体どういうものであったか。

また、一九四五年八月九日、突如ソ連が日ソ中立条約を破り、ソ軍が国境を越えて満洲に侵攻。私たち防疫所の職員・家族は、これを同月十二日に知り、翌十三日、防疫所の何もかもを打ち捨てて、慌ただしく前郭旗を脱出、難民と化して新京に滞留した。その頃から私の記憶が徐々にはっきりして来る。

満洲国の崩壊と直後の引揚げは、在満邦人にとっては大動乱といっても過言ではない。特に満洲開拓団の引揚げの苦労は周知の通りであるが、世に知られていない防疫所の職員・家族の引揚げの様子や引揚げ中に目撃したことについても、やはり後世のために書き残しておくべきと思う。併せて、幼いながらも著者が引揚げ中に父の死を目の当りにした時の思い、過酷な引揚げ中の思いを背負ったが故に、その後の決して平坦とは言えない人生についても蛇足ながら記しておきたい。

私の母、加藤満は、二〇〇九年二月、百一歳で亡くなったが、その手元には、防疫所の職員・家族及び父が所属した満洲国民生部や父が卒業した同国官吏養成所「大同学院」関係者等から寄せられたペスト防疫活動及び引揚げを語る手記や回想録等が、少なからず遺されていた。また母が書き遺したもの、私の兄弟が記したもの、私が母から聞いたこと、私の記憶していることなどもある。

私は、最近になってそれらをまとめ、家族のために「満洲に生れて」と題した小冊子の編纂を考えた。するとそれを知った親しい関係者（大島幸夫氏、早稲田大学時代の海外移住研究会先輩、元毎日新聞記者・同新聞社特別編集委員・作家・ペンクラブ会員）から、満洲に関する貴重な歴史の一齣であるから、世に出す（出版する）ように、と強く勧められたのである。言われてみれば、確かにそのような意義や価値はあるかも知れないし、満洲に生まれ、引揚げて現在生き残っている私も、今後満洲のことを語れる最後の生身の世代の一人になりつつあることも間違いない。

そこで、父をはじめ彼の地で落命し、あるいは辛酸をなめて引揚げてきて今は故人となった防疫所の家族・遺族等の方々の霊を幾分かでも慰めることができればと思い、僭越ながら拙著を著すことにしたのである。

なお、満洲国建設については、世界史の観点からみる必要がある。ロシア革命で共産化したソ連が中国・朝鮮を赤化（共産主義化）し、日本侵攻をも狙う中で、日本が国防の必要性から満洲に進出せざるを得なかった当時の事情を知らなければならない。満洲建国に関しては、宮脇淳子氏の著書『日本人が知らない「満洲国の真実」――封印された歴史と日本の貢献』（扶桑社新書）

等を参考にしていただきたい。

「ペスト防疫」活動

まず、父たちが満洲において挺身した「ペスト防疫」活動のことである。日本人が彼の地に残した誇るべき事績を、私の〝祖国（満洲）〟のため、そして亡き父と多くの関係者のために明らかにしておきたい。

当時、ペストという悪病は、世界的にインドと中国に発生・流行していた。満洲国を経営するためには、関東軍百万の兵士だけでは及ばず、発生すれば致死率ほぼ百％、数万の死者が出る。これを毎年繰返すという、世界で最も恐ろしいと言われた感染症「ペスト」の防疫は、同国の民生上の最優先課題であった。同時に日本国内へのペストの侵入を防ぐためにも、当時の日本国の喫緊の課題だったのである。それに正面から取り組み、命懸けで応えたのが、父たちの防疫所であった。

私の父、加藤正司《まさし》は、一九三七年秋、国立哈拉海《はらはい》ペスト調査所（翌年、組織替えで吉林省立ペスト防疫所）所長として、ペスト防疫の最前線に立たされたのである。その防疫所は満洲ペスト感染の中心地帯である内モンゴルに比較的近い前郭旗《ぜんかっき》に所在し、父を始めとする医師・歯科医師七名を含む職員約三十名、家族を含めて総勢約七十名が常駐し、文字通り命がけでペスト防疫に当っていた。この満洲のペスト防疫に関しては、先人や父の先輩・同輩の方々も大変なご苦労をされ、既に数々の成果を上げていたが、父たちも活動の傍ら研究を重ね、遂に「疫学的に」防疫と撲滅の端緒を摑むという画期的な業績を上げたのである。その成果は、当時内地（日本）の新聞でも報道されたとのことであるが、その後、日本人が夢にも思わなかったまさかの敗戦となって、その業績は彼の地に埋もれてしまったのである。

ところが、防疫所で当時父の部下であった故長澤武元防疫医務官（旧制京城帝国大学医学部医学博士）が後年書き遺された手記「吉林省百斯篤《ペスト》防疫所は何をしていたか」によって、当時の活動の全容が初めて明らかにされたのである。この手記は、一九七七年（昭和五十二年）十月二十三日、長澤氏によって主宰された父の三十三回忌法要（加藤正司墓所・堀の内妙法寺）に、元防疫所職員等関係者数十名が参列して執り行われた際に発表された『満洲吉林省の百斯篤《ペスト》防疫を担当して』（上下巻・長澤武編纂）に記されたもので、本書にも収録した筆者の小学六年生時の作文「お父さんの死」を含む当時の職員・家族の方々の手記も多く含まれている。

同防疫官の手記が発表されたことを契機に、行方不明だった父の研究論文も発見された。論文名は、一九四一年十一月四日発表の「ペスト菌の越年及感染経路に関する考察」と、翌年一月十五日、満洲国民生部主催のペスト防疫研究会で父が発表した「感染経路より観たる満洲に於ける「百斯篤《ペスト》」の種継越年に関する考察」である。これらの論文は敗戦・引揚げ時の混乱で散逸・消失したと思われていたが、当時の満洲国新京民生部保健司内で発行されていた『満洲衛生事情通報』（第六巻・第十二号）及び『（同通報改題）満洲公衆保健協会雑誌』（第七巻・第五号）にそれぞれ収録・掲載され、それらが日本の幾つかの大学の医学部図書館等に現在も所蔵されていたのである。

戦後、その業績と防疫理念は、中国の若手研究者に引き継がれたとのことで、今や中国においてペストは撲滅されている。なお、中国伝染病予防法では、ペストは最も危険度の高い感染症に適用される「甲類」に分類されているという。

敗戦後の苦難と発疹チフス流行

敗戦と同時に、満洲国の日本人は難民化し、続々と新京に集結、故国日本への引揚げを待つことになった。これらの新京在留邦人約一九・二万人（新京日本人会、一九四五年十一月調査。伊吹皎三氏［元吉林省技正・保健科長、元宮城県衛生部長、旧制東北帝国大学医学部医学博士］著「新京敗戦記」より）を、一九四五年十一月頃から感染症「発疹チフス」が猛然と襲い、万を超す死者を出したのである。

その防疫のために日本人会防疫班長（中華民国長春市政府と長春日本人会の要請により「長春市日僑善後連絡所防疫班長」）を命ぜられたのが父であった。父は元防疫所幹部職員を率い、防疫と治療に当たった。収容所の身の毛もよだつ凄惨な状況下、対策と治療のため不眠不休で東奔西走し、その成果が山場を越えつつあった十二月下旬、疲労困憊で力尽き、自らも同病に罹患、翌一月三日に逝去した（享年四十歳）。遺品となった父の手帳には走り書きのメモで、倒れる当日（十二月二十日）までの防疫活動と治療等の様子が、幾人かの患者の実名入りで記されている。

母の話によれば、感染症・感染経路の専門家である父たちは、この発疹チフスは「ソ連が日本に仕掛けた細菌戦」であると喝破していたそうである。何れ必ず検証されなければならないし、されると思う。

国を失った私たち避難民は故国日本への引揚げを目指したが、引揚船の出る港（遼寧省・葫蘆《ころ》島《とう》港）への列車は、全てソ連によって運航が停止され、身動きが出来なくなっていた。もっとも日本の軍人や満鉄職員は先に日本へ引揚げてしまったため、列車の運行はソ連や満洲人に委ねられてしまい、まともに運行されなくなっていた。引揚者は「いざという時のために各自持たされた自決用の青酸カリ」を隠し持って右往左往、無蓋列車上での生活を約二週間送らされた末、挙句は新京に舞い戻ることを余儀なくされた（南新京駅満鉄宿舎が空き家になっていた）。

防疫所の職員家族は、私たちも含め、父の死の約半年後の一九四六年七月二十日、宿舎から引揚船への乗船のため、葫蘆島港への移動が開始されたのである。その間の防疫所の職員・家族の苦労、助け合いながらの悲壮な覚悟の生活は語るべくもない。乗船・出帆は、七月末であったが、航海中に船内でコレラ患者が発生、真夏の佐世保《させぼ》湾内沖合いで数週間の停泊を余儀なくされ、やっと八月二十五日に長崎浦頭《うらがしら》港に上陸したが、船内生活は生き地獄であった。

ソ軍の満洲侵攻は、現下のロシアのウクライナ侵攻を彷彿とさせる。一九四五年八月九日、ソ連（現ロシア）軍が日ソ中立条約を破って突如ソ満国境を越えて満洲に侵攻、在満邦人を蹂躙した。ソ軍が無防備の日本人女子供約千人を戦車で強襲し虐殺した「葛根廟《かっこんびょう》事件」などが知られているが、満洲におけるソ軍の暴行・略奪行為は語り尽くせるものではない。元々独ソ戦で殺し合いを演じて勝利したソ連軍が、「日露戦争の仇討ち」を旗印に侵攻してきたのである。憐れを極めたのは敗戦を知らなかった満洲開拓団等の在満民間邦人であった。中国人に襲撃されて全滅した開拓団（来民《くたみ》開拓団）もあった。

父の部下であった長澤武先生のこと

父・加藤正司は、本章に「補」として収録した「加藤家の来歴」に見るように戦国武将加藤清正と関わり、長澤武氏は徳川家（松平家）の家臣筋で、共に戦国武将の末裔である。この二人の「満洲ペスト」に関わる中国での出会いは、神の導きによるとしか思えず、二人の命懸けの協力が「満洲ペスト」の防疫と撲滅の端緒に繋がったという偉大なる業績は、筆者としても大変興味深い。

父の部下であった長澤武先生について、ここで簡単に紹介しておきたい。長澤先生は元吉林省前郭旗ペスト防疫所防疫官、京城帝国大学医学部卒の医学博士である。

医師・加藤正司（同防疫所・所長）を助け、満洲ペストの防疫・撲滅に多大な貢献を果たし、引揚げ後「吉林省ペスト防疫所は何をしていたか」という手記を著し、敗戦とともに彼の地に埋もれてしまった同防疫所の活動の全容と科学的業績を世にはじめて明らかにした。

大正三年（一九一四年）八月二十三日、父緑三郎と母操の五人兄弟姉妹（男三人、女二人、全員医者）の次男として愛知県西尾市に生まれられた。祖父は大給《おおぎゅう》松平家の家臣乗全《のりやす》（第七代長澤早田松平家の家臣）（弓道師範）。父緑三郎が、韓国郵便事業に郵便局長として赴任のため、家族全員で韓国に渡った。長澤武先生の勤務先が満洲の奥地、前郭旗ペスト防疫所となったため、赴任する直前に待子夫人と結婚。同夫人は看護婦であった。

長澤武先生
（京城帝国大学医学部医学博士）

引揚げ途中、新京（現長春）にて足止めとなり、加藤正司が設けた診療所を引き継ぎ、避難中の前郭旗の職員・家族全員（数十人）の生活を支えた。

昭和二十三年頃、愛知県東春日井郡守山町（現名古屋市守山区）瀬戸街道沿いの建物（倉庫）で大森医院（内科・小児科）を開業。緑三郎・操、武・待子・子供四人（長女・真子、長男・新太郎、次男・

博之、三男・清春）で同居。金城学院大学講師、守山市（当時）教育委員会委員長、愛知県医師会監査委員長を長年務めた。

長澤先生は仏教（禅宗・曹洞宗）に深く帰依されていた。「キリスト教は、神がいて指導してくれるが、仏教は自分の中に仏がいる。だから何でも自分でやりなさい。そこに仏がいる。」と家族にも周りにも教えたという。

昭和三十五年頃より林霊法（後に浄土宗本山百万遍知恩寺法主）に師事し仏教を学び、宗派に捉われず、インドの釈迦の足跡を訪ねたり、仏教に深く傾注した。平成十七年（二〇〇五）三月十九日没。享年九十歳。

長澤先生は、引き揚げ中、中国の街の店頭で、筆者の母満が生活苦から時計を売りに出す交渉の場面を目撃、「時計が無いと困るから」と言って、満に五百円を下さったという心の優しい方だった。いつも温顔を絶やさなかった。そして終生加藤正司を慕い、母の事を気遣い、前郭旗の職員・家族の皆さんの心の支えだった。

父の顕彰——外務大臣表彰、酒井シヅ先生、東北大学医学部

外務大臣表彰状

戦後、満洲から引き揚げてきた父の上司、同僚、友人たちは、非業の死を遂げた父のために政府に働き掛けて、一九七一年（昭和四十六年）二月、外務大臣（愛知揆一）より次のような表彰状を受賞した。

「あなたは第二次世界大戦末期著しく治安の紊乱した満蒙地区において一身の危険を顧みず同胞の救出救済にあたり　また引き揚げに際しては極めて困難な帰国業務に携わり顕著な功績がありました　よってその徳行を賞讃し栄誉を永く表彰します」

次頁に掲げ、父の業績を改めて顕彰したいと思う。

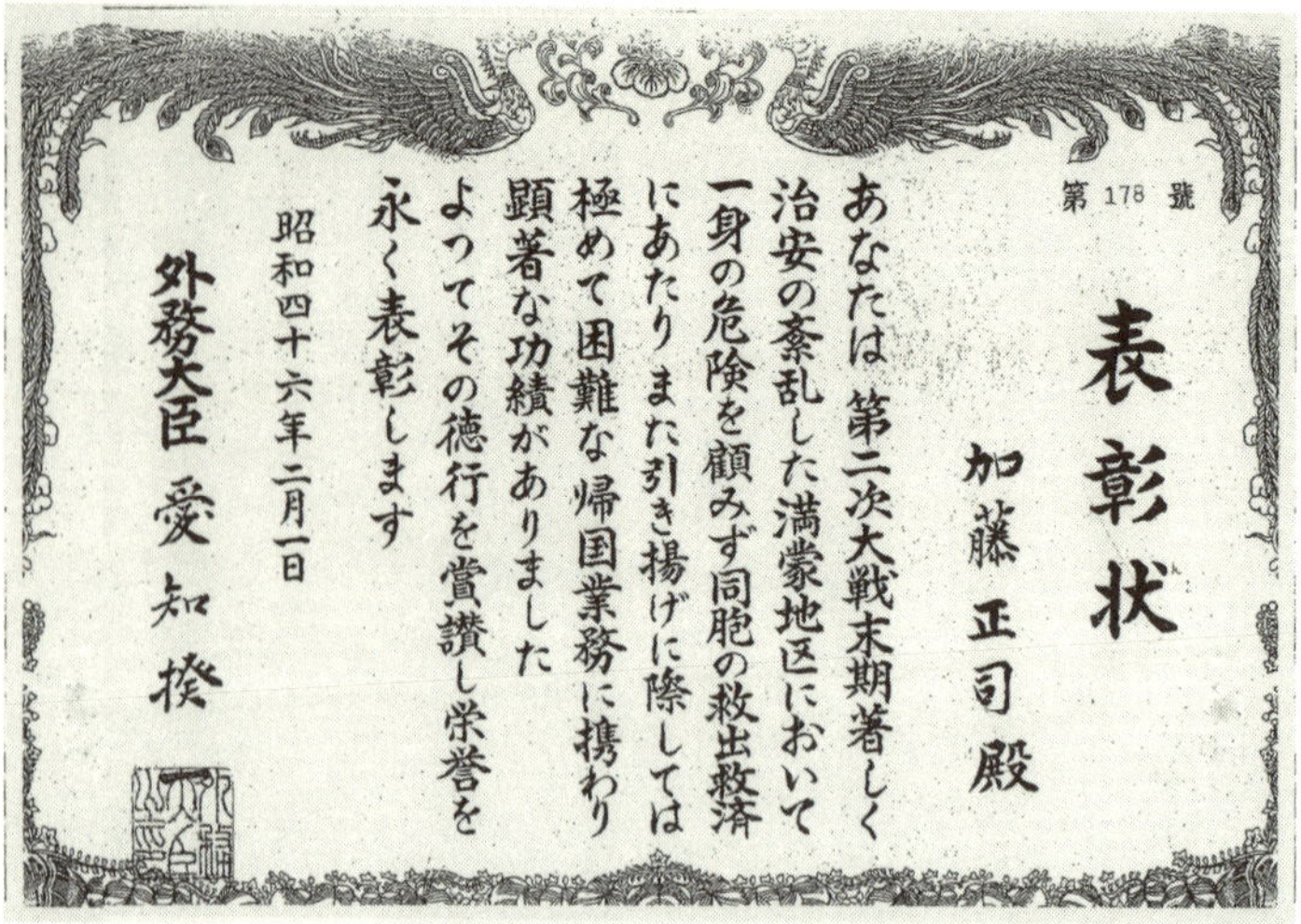

第178號

表彰状

加藤正司殿

あなたは第二次大戦末期著しく治安の紊乱した満蒙地区において一身の危険を顧みず同胞の救出救済にあたりまた引き揚げに際しては極めて困難な帰国業務に携わり顕著な功績がありました よってその徳行を賞讃し栄誉を永く表彰します

昭和四十六年二月一日

外務大臣 愛知揆

外務大臣表彰状　1971年2月

酒井シヅ先生の御著書による紹介

二〇〇二年、医学史家の酒井シヅ氏（第十代日本医史学会理事長・順天堂大学名誉教授）が出版された『病が語る日本史』（講談社）の文中に、「ペスト防疫に命をかける」という見出しで、〝世界的な業績〟として父たちのペスト防疫活動が紹介されている。

筆者の弟・加藤紘捷（加藤正司三男、日大元教授）の著書『ペストは冬、どこに潜むのか』（ロギカ書房）には、弟が酒井先生の本書に関わらせていただいた経緯が詳しく書いてあるので、参照して頂きたい。

「満州（中国東北部）では明治四十三年（一九一〇）から四十四年にかけてペストが大流行したが、それはシベリアの奥地のペストがシベリア鉄道の貫通で、ペストの南下の障壁になっていたチチハル省の山脈を乗り越えてハルピン以南一帯に広がって発生したペストであった。

（略）

日本政府が満洲のペスト流行を恐れたのは国内に飛び火することであった。そのために各地に防疫施設を設け、活動を支援した。だが、その記録がいまとなっては入手し難い。

ところが、幸いなことに筆者は、ある日、防疫所関係者から連絡をいただき、吉林省防疫所について貴重な文集をいただいた。それには文字どおり命をかけてペスト撲滅につとめ、戦後、報いられないまま帰国したり、現地で亡くなった人々の声が記録されていた。

それによると、明治四十三年、四十四年の流行が治まった後、東北部では大正九、十年、昭和二、三年に大流行があった。いずれも多数の死者を出したが、それぞれ自然に消滅していた。ところが、昭和八年（一九三三）満州国が樹立された年、腺ペストが発生すると、その翌年から毎年夏になるとペストの流行を繰り返すようになった。吉林省の防疫所では春になるとペスト予防注射を行い、ペスト発生の知らせをうけるとすべてを擲《なげう》って、現場に出ていったが、ペスト感染だけでなく、匪賊に襲われたりする危険な目にもあっての活動であった。ペストを早く撲滅して満洲の楽土造りに尽くしたいという願いからであった。

毎年夏はペストの治療と防疫に明け暮れしていたが、冬になると、吉林省前郭旗防疫所では加藤正司所長以下所員が一丸となって、ペスト菌は冬の間どこに潜んでいるのかを突き止める研究をしていた。

所長はいつのころからペストの媒体は畑リスではない、どぶネズミであると確信するようになっていた。厳寒の中冬眠している畑リスをつぎつぎと捕まえて、菌の有無を調べ、満州ペストもどぶネズミが媒介することを立証した。

また、この研究からペスト菌は冬季にネズミの胆嚢の中で冬眠して、夏季になると活発になって血中に出てきて、ネズミについたノミに入り、ノミから人間に感染するというサイクルを世界ではじめて明らかにした。

しかし、それらの功績は報われることなく、終戦の日を迎えた。加藤所長らは引き上げる途中、新京の収容所で発疹チフスが発生すると、身の危険も顧みず防疫にあたった。その最中、昭和二十二〔二〕年一月三日に殉職した。享年四十二歳であった。」（『病が語る日本史』）

東北大学医学部同窓会誌『艮陵新聞』での顕彰

昨今の新型コロナウイルス感染症がきっかけになり、この業績が父の母校、東北大学医学部の目に留まり、ようやく陽の目を見ることになった。即ち、二〇二一年一月、同医学部発行の同窓会新聞、『艮陵新聞《ごんりょうしんぶん》』において「偉大な科学的業績」として父たちが紹介・顕彰されたのである。

父が研究論文発表後、実に八十年を経過していた。父たちの業績が世の明るみに出たことは、「作文に込められた著者の思い」が些かでも果たされたかも知れず、著者として大変嬉しく思う。

二〇二〇年八月四日（母の誕生日）、著者が祈りを込めて、父の母校である同医学部部長八重樫《やえがし》伸生《のぶお》先生に父に関する手紙と資料を送付したことから、交流が始まった。

先生から直ちにご返事があり、「このような偉大な科学的業績が世にほとんど知られていないことに驚きました」と評価され、同学部発行の同窓会新聞『艮陵新聞《ごんりょうしんぶん》』への記事にしたいとの有難いご提案を頂いた。同時に同新聞の古い記事と写真が同封されていた。それは医学部構内に建立された同学部卒業生の戦没者名（父を含む一七二柱）が刻まれた「慰霊碑」の除幕式（一九六七年五月二十七日）の記事であった。私は直ちに両親の仏壇に報告し、万感の思いで同部長に御礼の手紙を差し上げたことは言うまでもない。

記事が掲載された『艮陵新聞』第三二二号（二〇二〇年度第三号。二〇二一年一月三十一日発行）には、次のように取り上げられた。

大見出し「満州国でペスト撲滅に尽力――故・加藤正司先生の功績に学ぶ」。

巻頭は、「今年度の艮陵新聞では新型コロナウイルスに関する記事を特集してきた。／今回、感染症との関連から、今から八十年ほど前に日本の本土から離れた満州国でペストの感染拡大防止、及び疫学研究に尽力された加藤正司先生（東北帝国大学医学部卒）の現地での偉大な研究業績などを紹介する」。

筆者へのインタビューも収録され、次のような内容となっている。

・八重樫先生に手紙と資料をお送りする際、父名義の論文が他にないかを念のために調査したところ、日本感染症学会や国立国会図書館の協力を得て、いくつかの大学医学部図書館、国立保健医療科学院図書館などでおよそ十本もの論文が発掘でき、全国に散らばっていた父関連の資料を一つにまとめることができた。

・資料をまとめた後も、東北大学にこれらの資料を提出するのか否かは、迷いがあった。父が母校に提出しなかった資料を遺族が勝手に提出していいのか、時間が経過し過ぎている、満洲ペストなど過去の話ではないか、東北大学に受け入れてもらえるのだろうか等、考え出したら止まらず、なかなか資料を送れずにいた。

・しかし、新型コロナの感染症・感染経路が連日話題になっている中で、二〇二〇年七月六日付『読売新聞』夕刊に「中国共産党・『人民日報』によれば内モンゴルで腺ペスト患者一名が発見された」という記事を発見。内モンゴルは父たちが活動した吉林省前郭旗に比較的近いところであり、「満洲ペスト」は過去のものではないことを実感。父たちの活動を母校に参考までに届け、資料の大学図書館所蔵の検討を願い出たという経緯があった。

・私の母（加藤満）は、父の関係で、引き揚げた防疫所職員・家族並びに満洲国民生部や大同学

第312号（2020年度第3号）　艮陵新聞　2021年1月31日発行（6）

満州国でペスト撲滅に尽力
〜故・加藤正司先生の功績に学ぶ〜

新型コロナウイルスの蔓延により、今年度の艮陵
ルスに関する記事を特集してきた。
今回、感染症との関連から、今から80年ほど前に
満州国でペストの感染拡大防止、及び疫学研究に尽力
北帝国大学医学部卒）の現場での偉大な研究業績な

流行の原因特定に成功

加藤先生は、1935年に東北帝国大学医学部を卒業したと同時に当時の国策に応じて満州国に渡り、「吉林省朝鮮族ペスト防疫所長」として任務に当たった。

ペスト防疫は満州国の民生の安定にとって、また日本にペスト菌を侵入させないためにも当時の最重要な課題の一つだったそうだ。

加藤先生は、防疫所長として防疫及び治療と研究の結果、満州ペストが「ドブネズミ」が主役であることを突き止め、当時の世界の通説であった「畑リス説」を覆し撲滅の端緒を掴んだという。

その後、終戦となって満州国は崩壊、加藤先生は防疫所のスタッフとその家族30世帯70名を率い日本に引き揚げる途中で、満州国崩壊に伴い難民化した十数万人の日本人の中で蔓延していた発疹チフスの救済のため、日本人会防疫委員長に就任された。そして医師団を率いて不眠不休で活動中、自らも罹患し殉職。1946年1月、満40歳で殉職された。

死後30余年成果に光明

若くして殉職なされたため、加藤先生のペストの研究は長い間日の目を浴びることは少なかったのだが、加藤先生の死後30余年を経た1977年10月、同防疫所で加藤先生の右腕として活動された元防疫官長澤武先生（京城帝国大学医学部卒医学博士）が、当時まだ存命中だった元防疫所の職員と家族らの声を集めて「満州吉林省のペスト防疫を担当して」という冊子を編纂され、吉林省ペスト防疫所の活動の実態と加藤先生の論文（「感染経路より観たる満州に於けるペスト」の補綴越年に関する考察」）が生まれた経緯と意義を明らかに

1935年　東北帝国大学医学部卒　満州国官吏養成所・大同学院入学
38年　吉林省朝鮮族ペスト防疫所所長就任
41年　卒業論文「ペスト菌の越年及感染経路に関する考察」

東北大学医学部同窓会新聞『艮陵新聞』2021年1月31日号

院等のペスト防疫関係者の中心的存在で、彼らから生前の母に寄せられた資料等も、私たち兄弟はそれぞれ託されていた。今回東北大学に通じたことは、母の執念に他ならないのではないかと感じている。

同紙面において、同医学部公衆衛生分野教授辻一郎氏は、父たちの活動と業績に関し、「疫学調査とリスクコミュニケーションでペストを制圧」というタイトルで、次のように述べている。

「これはまさに現在、新型コロナウイルス感染症に対して、厚生労働省クラスター班が実施している「積極的疫学調査」の原型と言っても過言ではない。適切なリスクコミュニケーションが人々の行動を変化させ、ペスト制圧に導いたものと言えよう。コロナ禍の今、この手記（筆者注：長澤武氏著「吉林省ペスト防疫所はなにをしていたか」）と出会ったことを、ただの偶然とするべきでない。当時の経験が現在のコロナ対策に示唆することを考えて欲しい」と。

〈補〉加藤家の来歴

加藤正司の父、宮城県登米市豊里の小三郎は加藤家第十二代当主であるが、近年の調査で初代と思われていた加藤三右衛門は、加藤清正公（戦国武将、肥後熊本藩初代藩主）の嫡男忠廣公の〝隠された子〟であるというエピソードがある。

忠廣公は、一六三二年徳川幕府によって改易され、庄内藩主（酒井忠勝公）に一万石の捨扶持で預けられ、鶴岡城の支城であった丸岡城跡に居館を構えて二二年、五十二歳で生涯を終えたことは夙《つと》に知られている。親族は悉《ことごと》く絶えたと思われていたが、酒井氏の温情で当時忠廣公は側女をおくことが黙認され、二人の子（姉と弟）を設けていた。正保三年（一六四六年）二月二十九日、丸岡大火が発生。〝隠し子〟の発覚を恐れたためと思われるが、この豊里加藤家には「（三右衛門さんが）九歳の時、お姉さん十一歳とここ（豊里）へ来た」という口伝がある。

それに基づいて、現第十六代当主博久氏の母、第十五代当主加藤清光妻敦子氏と長女美智子氏がたまたま調査した結果、〝奇跡的〟に、以下のことが判明した。以下、美智子氏の手記より引用する。

（豊里の実家の裏山には今も祖師堂があり、「御祖師様」、「清正公」、「鬼子母神様」が祭られ、毎年十一月初旬頃、代々盛大なお祭りが催されてきた。この一連の経緯・事情を知って）

現清正公の菩提寺である鶴岡市丸岡の金峰山天澤寺（山形県指定史跡　丸岡城跡・清正公墓碑）のご住職庄司良圓和尚が二〇一二年六月九日、前田勝氏（元櫛引地域審議会会長）を伴って豊里を訪れ、御仏壇・御祖師様・御先祖様のお墓をお参りして下さいました。御先祖様のお墓ではひとりひとりにお経を上げていただき、私たちはとても感動しました。

そしてご住職様より、「こちら（豊里）では清正公の子孫であるという証拠はないと思っているかもしれないが、口伝と御祖師様・御先祖様を大切にお守りしてきた事が、何よりの証拠であると思います。個人の家で御祖師堂を建てておまつりしている所は他には無いと思います。清正公の子孫であることに誇りをもって生きてきた証と思います。忠廣公は丸岡で生まれた二人の子供へお金（二千両とも三千両とも言われているらしい……）を持たせて逃げ延びさせているそうなので、初代三右衛門さんも九歳で豊里に来てすぐに広大な土地を持つことができたのは、口伝通りご縁のある方ではないかと思います。」と話され、「ご先祖様はなぜ子供だけで豊里へ来たのか？」という謎についても、「三右衛門さん九歳、お姉さん十一歳の時、丸岡大火にあい、親は一緒に来る事が出来ず子供だけで豊里に来たのだろう」という事が解りました。
初代三右衛門さんが鶴岡から豊里へ来てから今年で三六六年（筆者注：二〇二五年から見て約三八〇年）になります。時を超えて初代三右衛門さんの故郷から、暖かくそして力強いメッセージをいただき、感極まる一日となりました。夢の様な一日でした。

筆者は、天澤寺に親族とともに招かれ、伝統行事「平成二十四年（二〇一二年）七月二十一日御逮夜祭、同二十二日清正公大祭」に同寺をはじめて訪れ、参拝した。

二　母を支えて

——凄絶な引揚げ体験のなかで

母、加藤満《みつ》の生い立ち

母は一九〇七年（明治四十年）八月四日、北野天満宮の縁日に生まれたため、父親によって満《みつ》と名付けられた。父は、近江商人で「仙台屋」と称された薬種問屋「旧小谷商店」の大番頭、西堀喜三郎。その妻は鈴木タヨ（祖父は戊辰戦争時の会津藩士族で老隊長、小原重兵衛）。二人の三女として生まれ、不自由なく育った。

長じて仙台のミッションスクール、旧尚絅《しょうけい》女学院高等科・英文科に入学。母の友人が「頭脳明晰だった」という言葉を残している。卒業後は同学院第二代校長のメリー・D・ジェッシー先生（宣教師、米国初代大統領ワシントンの曾々孫）の秘書となり、朝礼時の同時通訳を担い、米国留学を勧められたこともあったと言う。

父と結婚して一九三七年（昭和十二年）四月に渡満、一九四六年に引揚げ。「故郷に錦を飾る」という言葉があるが、母はそれとは全く逆で、夫を亡くし、その業績も何もかも失って、七歳を頭に幼い男の子三人（妹は引揚げ後東京にて栄養失調で死亡）を連れ、まさにボロを纏い、恥ずかしながら故郷仙台に引揚げてきた。父親は大分以前にスペイン風邪で死亡、その後、母親も亡くなっており、仙台に魅力は無かったそうであるが、他に行く当てもなかった。仙台には、母の実弟（筆者の叔父）三人が健在であり、彼らに（とくに上の弟鈴木俊次）に支えられながら、公立小学校の事務員の職を得て、家族を養いながら定年まで勤めた。

なお、その小学校は、市内で最大規模の生徒と先生を擁していたが、母の主な仕事は職員の給料や賞与の計算と明細書一覧の作成であった。支給規定の変更が頻発するため、算盤を使っての作業は、毎月徹夜仕事であった。しかし、母は常に正確無比で最も早く仕上げて市に届けるので評判であった。書類はB４サイズ程度の四〜五枚複写のため、カーボン紙を挟み、鉄筆で何ページも清書するので手が動かなくなることが多々あり、小中学生・高校生時代の筆者も夜遅くまで起きてしばしば手伝った記憶がある。

母・加藤満
（1907-2009）

勤務をはじめてすぐであったが、母は、学校内での日教組の左翼活動（戦前は聖職者だった教師が戦後は労働者となって職員会議では毎度校長を吊るし上げていた）に驚き、必死で帰還した故国の人心がかくも荒廃している様《さま》を見て驚き、終生嘆いていた。

母を助けた人は誰？

昭和二十二年四月、引揚げ後、我が家は仙台市小田原にあった母子寮に入居することが出来、ようやく家族水入らずの安住の地を得ることができた。早速、母は仕事を探したが見付からず、近所の母親と同様、寮の裏の原っぱの整地作業の職を得たが、モッコ担ぎという言わば土方仕事で、小柄で力の弱い母には無理であった。見かねたある小学校の校長先生が、小学校に新たな事務官（児童・生徒及び先生の数が多い小学校に新たに置かれることになったポスト）という職種の仕事があると教えて下さり、母は幸い市内の小学校に奉職することが出来た。

その小学校は、母子寮から五km近く離れていた。母は、どこの母親より毎朝早く出勤し、夕方遅くに帰宅した。雨の日も風の日も無遅刻無欠勤で懸命に働いていた。私達三人の子供にかまけている暇は全くなかった。

職場の小学校からの帰途は、国鉄（現JR）の仙山線（仙台―山形間）の鉄橋の線路をわたって歩くのが近道であった。鉄橋の下は幅二十mほどの川が轟々と流れていた。渡り終えない間に後

左から母・満、弟・紘捷、兄・精也、筆者

ろから列車が来て、土手に飛び降りても間に合わず、轢死するケースが偶《たま》にあった。枕木に摑まってぶら下がって、難を逃れた人もあったらしい。

筆者が小学生の頃、仙台に大型台風が襲来した。母親の帰宅が遅いと子供達は皆仙山線の方を見ながら、口には出さないが心配するのが常であった。台風のとき、母親は鉄橋をわたれるのか。暗い夜、二本の線路の間の枕木の上に縦に渡された細長い二枚の板の上をわたるのである。雨で板は濡れている。風は強い。目の下は濁流が轟々と流れている。後ろから来る列車との競争で、先に渡り切らなければならない。

その台風の日、仕事で遅くなって帰りを急ぐ母は、やはり、鉄橋をわたる決断をした。風雨で足が竦み、立ち往生しながら、少しずつ歩き始めた。下は暗いが轟々と濁流が流れている。後ろから汽笛が聞こえたように思えた。懸命に歩いたが「万事休す」と思った瞬間、暗い中で、線路工夫のような男の人が歩いて来て、母の手を引いてくれたという。そして無事渡り終えた後を、轟音で列車は駆け抜けて行った。

その男の人は、渡り終えるとさっさと行ってしまったらしい。その話を聞いた時、筆者はそれは父ではなかったかと思ったが、言わなかった。母も無言であったが、同じ思いだったのではないかと今でも思う。

ララ物資への母の礼状

戦後しばらくの間、窮乏する日本に対し、米国ハワイをはじめ南米の日系社会から多大の救援物資（小麦・砂糖、古着、綿、文具、おもちゃ等）、いわゆる「ララ物資（Licensed Agencies for Relief in Asia = LARA）」が何度も贈られてきて、国会で感謝の決議も行われた。全国的に貧窮する母子家庭を中心に物資が配給され、小学生だった著者もその恩恵にあずかったことをよく覚えている。

ところで、贈って下さった方々から、受け取った日本人に本当に喜ばれているのかと疑問を呈されたことがあり、国会で感謝決議がなされると同時に、彼等に礼状を書く必要が生じた。母は、厚生省（当時）・宮城県庁より要請を受けて、代表してよく礼状を書いていた。米国宛の礼状は、英語ができる母が一手に引き受けさせられていたが、書きながら自分が英語を習ったことに関し、「何のための戦争だったか」、「悲しく惨めに思った」と述懐していた。そして私たち兄弟や孫に対して、米国等への感謝の気持ちを忘れないようにと書き残している。

同様に南米ブラジル・サンパウロの日系社会宛ての礼状も書いた。それが現地の邦字新聞に転載され感動を呼び、さらなる「救援物資募集」活動促進のため、当地の募集要項の印刷物の冒頭に貼付された。その印刷物が当時母にも届けられて、手元に残されていた。

JICA横浜海外移住資料館に母の礼状が展示

二〇〇八年、日本人ブラジル移住百周年記念式典で平成の天皇陛下が、御挨拶の冒頭でララ物資に関し、ブラジル日系社会に謝辞を述べられた。その関係で、当時母は著者とともに時事通信社から取材を受け、特集記事となった（時事ドットコム「ブラジル移住百周年」「終戦直後、心の日伯交流」）。

その際、筆者が公益財団法人海外日系人協会の要請を受け、母の礼状を含む関連資料一式を同協会に寄託。二〇二二年四月、独立行政法人国際協力機構（JICA）横浜海外移住資料館の開館二十周年リニューアルオープンの際、同館の要請を受けて同館に一式を寄贈した。現在、その礼状は同館の「ララ物資コーナー」に常設展示されている。

母の礼状

ブラジル日系社会のララ物資募集要項の母の礼状と印刷物には、次のように書かれている。

JICA 横浜海外移住資料館のララ物資コーナーに、母の礼状が常設展示されている
2022 年 4 月 25 日、リニューアルオープン前日のセレモニーにて。右は筆者

拝啓　昨年三月から数ヶ月に亘って皆様の御努力を戴きました母国救援物資としての古着募集の運動は、当時新聞紙上にて広告いたしました通り、二一・八六八点の莫大な成績をおさめ母国へ送付いたしましたが、右品は昨年十一月初旬横浜着、本年一月の酷寒の頃日本全国の各要救護者へ分配されましたので、最近之を受けとった人々から実に涙ぐましいお礼状が到来しつつあります。その一例として、宮城県仙台市在住の加藤満子（筆者注：満）というお方の手紙を次に掲げます。

遠いと云ふ言葉をどうしても使い

度い程、遠く幾百海里をへだったブラジルの皆様方、日米戦争中は定めしお苦しい境遇に立たれましたでしょうに、よく艱難を乗り越え、今はこうして私共を慰めて下さいますことを深く感謝いたします。私は九才、六才、四才、二才と四人の子供を連れて、着のみ着のままで終戦後一九四六年八月満州から帰って参りました。主人は同年一月矢張り戦争の犠牲となりました。大病のあとの体にて四人の幼な児をかかえて空襲のあとの古里に戻りましたけれど、既に母は亡く、家は無く、真夏の二十六日間の引揚げ船中の煉獄の労苦も空しく二才の子はその後他界、救われてこの母子寮に参りました。すぐ働きに出ましたけれど、来る朝毎に下の子に追いかけられ、叱ってはなだめ、なだめては叱り心を鬼にして仕事に通いますうち、今年はその子も早や七才となりました。心も体も疲れ果て、財政的には勿論のこと、家路に帰る田圃の道に熱い涙を幾度流したことでございましょう。家の支柱を無くした歎きと、この将来に対する無限の不安は誰に慰められても慰められません。又上の子がせめて一人立ち出来るまでは解決出来ない悩みを常に抱いているのですけれど、どん底にあえいでいる時は人も共に悲しんでくれますが、少し芽が出てくると他人は共に喜んでくれません。只一人神様だけに慰められて居ります。

こんな気持ちで居ります私たちに、見知らぬ皆様から報いを望まぬ厚い情けに預りまして、どんなに大きな力であり、どんなに大きな慰めと励ましであるか想像出来ないと存じます。

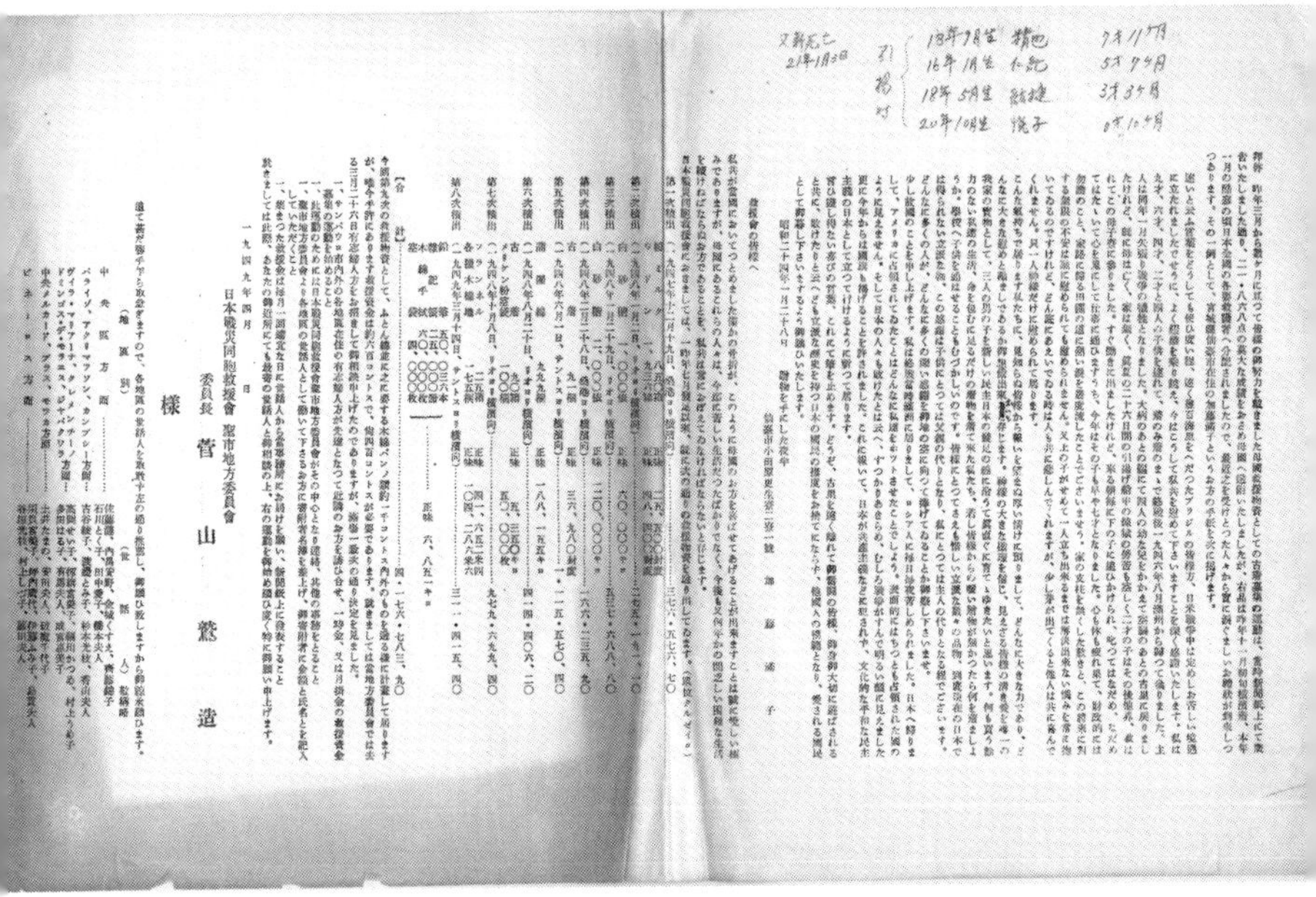

ラフ物資への母の礼状は、現地での募集要項の冒頭に掲載された

神様の大きな摂理を信じ、見えざる皆様の清き愛を唯一の我家の宝物として、三人の男の子を新しい民主日本の発足の線に沿うて真直ぐに育ててゆきたいと思います。何も買う余力のない私達の生活、命を包むに足るだけの着物を着て来た私たち、若し皆様からの暖い贈物が無かったら何を着ましょうか。学校へ子供を通わせることもむつかしいのです。皆様にとってさえも惜しい立派な数々の品物、到底現在の日本では得られない立派な物、この感謝は子供にとっては父親の代りとなり、私にとっては主人の代りとなる程でございます。どんなに多くの人が、どんなに多くの深い感謝を御地の空に向って捧

げていることか御察し下さいませ。
少し故国のことを申し上げます。私は終戦当時満洲に居りまして、ロシア人に毎日毎夜苦しめられました。日本へ帰りまして、アメリカに占領されていたことはどんなに私達をホッとさせたことでしょう。表面的にはちっとも占領された国のように見えません。そして日本の人々も敗けたとは云え、すっかりあきらめ、むしろ戦争がすんで明るい顔に見えました。更に今年からは国旗も掲げることを許されました。これに報いて、日本が共産主義などに犯されず、文化的な平和な民主主義の日本として立って行けるように祈って居ります。言い尽し得ない喜びの言葉、これにて筆を止めます。どうぞ、古里を遠く離れて御奮闘の皆様、御身御大切に遊ばされると共に、敗けたりと云えども立派な歴史を持つ日本の国民の襟度をお捨てにならず、他国人の模範となり、愛される国民として御暮し下さいまするよう御願いいたします。

昭和二十四年一月二十八日　贈物を手にした夜半

仙台市小田原更生寮二寮一号　　加藤　満

救援会の皆様へ

私共が当国においてつとめました僅かの骨折が、このように母国のお方を喜ばせてあげることが出来ますことは誠に悦しい極みでありますが、母国にあるこれらの人々は、今迄に苦しい生活だったばかりでなく、今後も又何年かの間乏しい困難な生活を続けねばならぬお方であることを、私共は常におぼえていなければならないと存じます。

日本戦災同胞救援会におきましては、一昨年七月発足以来、既に次の通りの救援物資を送り出しています。（略）

一九四九年四月　日

日本戦災同胞救援会　聖市（サンパウロ市）地方委員会　委員長　菅山鷲造

筆者注
＊ブラジルのリオやサントス港からの物資の横浜向け積出は、第一次（一九四七年十二月）〜第八次（一九四九年三月）迄送付完了。母の礼状が添えられた救援物資募集要項の印刷物は第九次積出予定用のものであった。
＊物資は、粉ミルク、ウドン、白砂糖、古着、布団綿、メリケン粉、空袋、フランネル、各種木綿地、鉛筆、雑記帳、おもちゃ、木綿手拭、空袋等であった。
＊末尾に二八名の地区別（募集）世話人氏名が記載されている。

二〇一二年の「憩の園」訪問

二〇一二年九月、田中秀幸氏とともに筆者は四五年振りにブラジルを訪問した。ララ物資に対するお礼のため、サンパウロ社会福祉法人救済会が運営する日系高齢者施設「憩の園」を訪れたのである。救済会がこの場所を拠点にララ物資を収集・梱包して繰返し日本に送付したところであり、往時を思い出し感無量であった。

正門入口壁面プレートには、同会責任者の渡辺トミ・マルガリーダ女史の胸像が刻まれていた。同女史は、皇居をよく訪ね、平成の天皇・皇后両陛下（現上皇・上皇后陛下）とご交流を深めておられた。

美智子上皇后陛下は一九九八年度の「歌会始」御題「道」において、その前年にブラジルをご訪問された時を思い返し、次のような御歌を詠まれている。

「移民きみら辿りきたりし遠き道に　イペーの花はいくたび咲きし」

私たちは、同会に感謝の意を捧げつつ、現在も微力ながら「憩の園」、及び「憩の園」在日協力会（二〇二五年三月閉鎖）を支援している。

ララ物資の周辺と「憩の園」

この項の最後に、私の早稲田大学の先輩で、永年ブラジル稲門会会長を務めていた相田祐弘氏の文章を紹介しておきたい。氏は一九五四年に早稲田大学理工学部建築学科を卒業され、一九五七年に渡伯された。そして私が設立したNPO法人NGOブラジル人労働者支援センター（オンギ・トゥラブラス、ONG Trabras）の相談役を務められた。そしてこのサンパウロの社会福祉法人「救済会」（救済会が日系高齢者施設「憩の園」を運営）の常務理事である。氏の手記からの引用である。ララ物資に関する経緯、及び当方の活動にも触れておられる、貴重な記録である。

「私も終戦時、焼け野原になった東京で「ララ物資」の恩恵を受けた一人でした。長い行列を作ったあとにもらった、バターをぬった一片の食パンの〝外国の味〟は今でも忘れることは出来ませんし、その後、衣服の配給で当たった藍と黒のツイードの素敵な〝舶来〟のオーバー・コートを、冬の新制高校時代に得意になって着ていた記憶が残っています。（略）

ブラジルでは一九四七年三月にサンパウロの宮腰千葉太氏宅に有志が集まって、この「救援会」が組織され、一九五〇年九月まで、続けられました。宮腰氏は外交官から国策移民会社〝海興〟に招かれ、サンパウロ支店長として活躍し、開戦時日本政府の要人が殆ど交換船で帰国した時もブラジルに唯独り留まった人でした。

この運動を受け入れようとした背景には、日本の敗戦を信じようとしない所謂〝勝ち組〟が多数いた当時の国内事情がありました。敗戦の認識運動を推進するには、母国日本の役に立つことをすることによって国粋的考えの勝ち組リーダーに幾分かの説得力を与えたいということでした。

本部はリオ・デ・ジャネイロ（当時は首都だった）に置かれましたが、主な活動はサンパウロの菅山鷲造氏が幹事長となり、彼を中心としてこれからお話しするドナ・マルガリーダ・渡辺（一九九六年没）等の有志が救援物資の送り出しに活躍しました。サンパウロ州や他州の各地から集まって来る救援物資は日系のエスペランサ婦人会の会館やドナ・マルガリーダの家で、纏められ、梱包してアメリカへ送り出されたということです。日本とブラジルが未だ国交を回復していない時期で、「ララ物資」はアメリカに集結され、それから日本に送られていました。

ドナ・マルガリーダ・渡辺は、この「ララ物資」に関わる以前、第二次大戦がはじまった時点から「救済会」の活動に生涯を捧げた方でした。その辺の事情を語った前山隆氏はその著書『ドナ・マルガリーダ・渡辺』のまえがきで次のように書いています。

『九州南端のカツオ漁の町で生まれ育った十一歳の少女が、明治四十五年、破産した父の借金を返済しようと独り出稼ぎ移民となってブラジルに渡った。ブラジル人家庭での女中奉公のなかで、貯蓄して郷里に送金するかたわら、困窮する隣人に愛の手を差し伸べる心を教えられ、日系人へのカトリック布教の活動に入る。結婚し、三児の母になったばかりの頃、日米開戦のためブラジルの日本移民リーダー達が多数収監され、また数千名の日本人が強制立ち退きを課せられて半難民化すると、若い主婦の渡辺マルガリーダは突然困窮する移民の救済活動に身を投じ、家庭と福祉活動のはざまで苦悩しながらも、移民福祉・

老人福祉の実践にその生涯を激しく燃焼し尽くしていった。

マルガリーダがカトリック日本人救済会、社会福祉法人救済会、日系老人ホーム憩の園を通して築き上げてきた社会福祉の形態は、個人的ネットワークを動員し、隣人の力と財によって、他の困窮する隣人に慈しみの心をそそぎ込むもの、そのための草の根的組織を移民の日本人会や婦人会、カトリック聖母婦人会などの民間のインフォーマルな人脈をたどって自分の足でひとつひとつ積み上げていくというものである。

今日のボランティアやNGO活動の原型のようなものである。それは聖女の活動ではなく、主婦であり、母であり、未亡人であるものの福祉の実践である。

十一歳で日本を離れた少女出稼ぎ移民がその後八十数年にわたって彫り刻んだ生涯の軌跡は、限りなくユニークであり、限りなくブラジル的・移民的でもある。それだけにまた汗臭く、人間的であり、同時に独創的で美しくもある。この一女性移民の生涯は、それ自体、ブラジル日系人のもちえたひとつの誇りうべき「文化」であるといえるだろう。』(後略)

私は現在、このドナ・マルガリーダ・渡辺らが創立した社会福祉法人「救済会」の一理事として日系老人福祉ホーム「憩の園」の運営に関与しています。前掲の宮腰千葉太氏や菅山鷲造氏等はドナ・マルガリーダ・渡辺と共に「救済会」を組織した有力者のリーダー達でもありました。

ここで気付いたことは、「救済会」初期の活動と、現在のＴＲＡＢＲＡＳ（筆者設立のＮＰＯ法人）の活動との接点についてです。日本への出稼ぎが三十万人といわれ、最近の日本の不況で帰国者が増え、二三、四万人になったとはいえ、それは戦前の「先祖」が移民した二五万人に匹敵する数であり、しかも今後とも日本へ定住化の傾向を強めていることは、単なる出稼ぎ現象ではなく、立派な日本に於ける日系移民社会の形成であり、その新移民社会の中での困窮者の支援をするＴＲＡＢＲＡＳの活動は、日米の開戦時にブラジルで困った立場に陥った移民者を救援する「救済会」の活動と同じことだということです。

「救済会」はカトリック教会のサン・フランシスコ教団から寄贈された十アルケール（二五万平方米）の広大な土地に、一九五八年に老人ホーム「憩の園」を開園しました。

その直後、日本政府からの補助金を基に日本移民援護協会がサンパウロに設立されたのを機会に、それまで続けてきた救済事業をこの援護協会に引き受けていただき、「救済会」は老人福祉事業に専念することになりました。」

母が語る、父と家族――母の手記より

母自身も、父や家族のことを書き遺している。その文章を紹介したい。

母の文章に登場する「悦子」は、引揚げ後に亡くなった筆者の妹である。悦子は昭和二十年十月五日、引揚げ最中の新京で早産で生まれた。母乳が出なかったので貰い乳をしたが、その母乳を提供して下さった方が結核に冒されていたため、悦子が初感染に罹り、その最中に引揚げ船に乗船、苦労して必死で引揚げたが、同年十二月一日、栄養失調で東京の養父宅で死亡した。

臨終の時、母の手をキュッキュッと握ってサヨナラの合図をしたというが、後年母の話によると、引揚げ先の養父先に悦子と同じ年頃の男の子が生まれていた。当時は配給制度で食糧があまりに乏しく、〝悦子と筆者兄弟（三人の男子）を全て女手一つで育てることは到底無理〟と思ったその晩に、悦子は息を引き取ったという。不憫でならない。

「満洲に残したもの」

私共が居りました京白線前郭旗は、新京から汽車で五時間北にあり、ソ連国境への最短距離で、ノモンハン事件のあった時は、軍用列車はこの線を通らねばなりませんでした。もともとこの鉄道はソ連行の軍用線に作られたもので満洲人の部落は全部半里（二キロ）以上も離れたところにしかありませんでした。更に私共の役所は駅からも離れたところに建てられていまして住宅もその中にありました。

しかもこの地一帯は全満のペスト地帯の中心でありまして、前郭旗へ防疫所兼研究所の本部を置いて数ヶ所に駐在所をおいて常に逃亡者（ペスト患者）の監視、早期発見につとめて居りました。

この町はたしか日本人も合わせて一万余、満人も相当集まって来てまして新興都市として脚光を浴びつつありました。と云いますのはこの町後方に日本へお米の補給の為に十万町歩の水田の開発を始め、張総理を迎え大式典を挙げたのは敗戦の前年かと思われます。国家のお歴々にまじって地元からこの式典に主人も招待されました。これは夢の様にぼう大な土地と年数と労力とをかけるものであり、実現のあかつきには日本の戦争が長く続いても決して

母に抱かれる筆者（前郭旗防疫所付近）、1歳の誕生日のころ

お米の心配なく戦地への補給も大丈夫という力強い事業がはじめられたからでした。

主人の居りましたペスト防疫所の管轄で役所の前に八角形の大きな消毒所をつくりました。それは苦力が水田の工作に当る前に一度に千人づつ脱衣消毒することが出来るのでした。山東省その他各地から応募した苦力が毎日行列で消毒されては出かせぎに行きました。何の消毒かと申しますとペストの媒介になる「のみ」の撲滅のためでありました。

軍隊の行動と共に否それにもまして重要且危険な仕事でありました。なぜならばこの地帯にペストが一度発生すれば列車は運行休止となるわけです。それが一日、二日で解除になることは絶対ありません。前にも申しましたようにこの京白線は日本の軍用列車の運行のために作られたものなのです。

ノモンハン事件が劇烈を極め、日本に不利を伝える頃、この沿線が無事に運行している姿を見て、こわい乍らも早く戦地に着いてくれと祈ったことでした。満洲国がペスト撲滅に力を注いだわけはここにもありました。どんなにガソリンの不足を告げた時でも軍と同様必要なだけの配給があり、常に三台のトラックが待機して、どこか田舎にペストが発生したと云えば夜中でもトラックを走らせて防疫に当りました。

戦争とちがい常に見えざる敵と戦っていると申して居りました。主にペストは夏に向って猖けつし、冬は冬眠状態となるので、冬期間は専ら研究に従事し、この毎年繰り返す世界の「なぞ」ペストの越年について研究を続けました。これが分れば必ずペストは撲滅出来るという信念にもえて防疫所の方々と共に研究に没頭いたしました。夏はペスト患者と闘い、冬は活けるペスト菌と闘い、寝ても醒めても仕事の為に日を送って居りました。

主人は在郷軍人分会長をして居りましたので戦争が日本に不利になってからは軍服を離す暇はありませんでした。町の日本人会は全部在郷軍人分会長のもとに統合され、国防婦人会なども為すところを失ったようで、いざと云う時は、私共の役所の前の窓のない八角形の消毒所へ避難して死守することになって居りました。

（未完、『満洲吉林省の百斯篤防疫を担当して（下）』より）

母が語る筆者の生い立ちと、引揚げ船の惨状

紀元は二千六百年奉祝ムード一杯の時であった。たまたま新京の繁華街の中央に三中井《みなかい》百貨店の高い広告塔が近くに見えるところに何世帯か入れる二階建ての家があった。その一部屋の主が一ヶ月内地（四国？）へ帰省するのでそこを私達のため貸して下さることになった。田毎《たごと》のおばさんはお顔が広く大同学院関係のことなら何でも情報をキャッチして皆の便宜を計って下さった。そこで仙台から母にも来て貰っていたので精也《きよなり》を連れ一家四人で前郭旗からそこの家へ出産の為出て来ました。家全体暖房完備、お風呂は温泉の様に大きくお湯がなみなみ溢れていました。母は汗かきの風呂好きなもんですからとても気に入りました。

年内に生まれる予定だったらしく明けて一月十三日の晩主人はもうこれ以上待てないから前郭旗へ帰ると申しました。私はどうしようもなく神様どうか今晩お腹が痛くなるようにと祈りました。何しろ母は知らぬ他国ですし私も田舎から出て来てるものですからいざの時どうしたらと急に不安になりました。夜明け方四時頃本とうにお腹が少しづつ痛くなって来ました。嬉しくて有難く思う間もなく病院へタクシーを呼んで飛び込み、すぐ産室へ入りました。今考えると苦もなく男の子（筆者）が生れました。新京に住んでた主人の友人達次々と

カステラの見舞いを持って来て下さいました。

お乳が出る様にいろいろ主人は御馳走を買ってきて私や赤坊の為に一生懸命でした。

紀元は二千六百年の栄えある年に生まれなかったですが、二千六百年に一歳　二年に二歳と数え易く却って良かったんじゃない？と俊《とし》ちゃん（筆者注：母の実弟［下の弟］、筆者の叔父）に云はれました。当時は未だ数え年でしたから。

或る時主人はチチハルの藤原さん（東北帝国大学医学部卒。一緒に渡満した人）の家へ泊って「寝ぐせ」という育児法を奥さんから教えられて来ました。赤ちゃんを抱っこしたりおんぶしたりせずベッドに寝かせて育てる方法でした。

藤原さんは子育ては先輩でした。帰宅早々実行に移し一日中お蒲団にねかせておくものですから襖の出入口の方ばかり向いて泣きもせずおとなしくねて居りました。その時の名残りで今も頭の左右の形が違います。前は抱っこにおんぶ、親が片時も休まる暇はありませんでした。

その後東京の養父母（亮記兄）の所へ帰った時兄嫁は子どもに恵まれませんでしたので孫を可愛がって抱っこしたくて堪りません。こっそりお蒲団から抱き上げましたところへ玄関に音の感じ「あっ！　お父ちゃん」兄嫁はびっくりしてお蒲団に入れ込みました。向う（満洲）へ帰ったら親が困るので断固断りました。主人は三歳の時弟が生れたので産褥熱で母が亡くなり、以来、里子に出されたり、継母に育てられたり、苦労の続きでしかも父親も十二歳の時失いましたので子煩悩ぶりは大したものでなりふりかまわず抱っこにおんぶでした。上の二人は余り手をかけ過ぎましたので三番目に至って急転直下寝ぐせの育児法に代わりました。けれどもそこまでしなくても良かったようです。次に上の子で乳離れがむつかしくて失敗しましたので早くお乳をやめました。お乳の味を覚えないうちの方が離乳し易いですから。ところがお隣の宮崎さんの奥さんが仁紀より一寸早く生まれ赤ちゃんをうちに連れて遊びに来られると仁紀もひきづってその奥さんの膝にのぼりかけてじっとおっぱいを見つめていました。その時はとてもいじらしい思いをいたしました。欲求不満で育てられました。

私が裁縫道具をひろげていてもそばでおとなしくえんこして一人遊びをして居り苦もなく育ちました。それでいて立っちも早く誕生日前に歩きました。シンガポール攻落なって忠霊塔の前で大祝賀祭がありました。

誕生日前に歩くと一升餅を背負はせる習慣になってましたが仁紀にも忠霊塔に供えた赤い二升餅を背負はせましたがそれは無理でした。別に一升餅を作ってもらってそれを背負わせるべきでした。節ちゃん（筆者注：母の甥、筆者の従弟）のお父さんも一升餅を背負ったそうです。必ずしも運動神経達者な子が早く歩くようになるとは限りません。むしろ反対現象でした。

胎教と云うものがあると思いました。仁紀がお腹にいた時頬に赤みのある子が欲しいとそんな単純なことを願いました。そうしましたら本当にうっすら赤みを頬に見せて居りました。ところが六ヶ月位の時でしょうか来客と城内（満人街）の中華料理店へ参り食事をしまして主人は仁紀に嚙んでいろいろ食べさせお腹が一ぱいになった頃表へ出て入口に土の堀のようなところをポンポン抱いて飛びはねて喜ばせて居りますうち急にひきつけを起こしびっくりして近くの満人の医者のところへ掛け込みました。やっと息をふきかえした時は一同ホッといたしました。自分の子供には手を出しかねて、引揚げ後十川さんとなる古谷さんでしたかに診ていただき落ちついて蒲団にねて居りましたがそのショック以来顔の赤みはすっかりなくなりました。このことがあって以来風邪で熱を出したり、その時便秘していたりするとすぐひきつけを起こす様になりました。

上の子が余り騒ぐので奥の部屋へ入れてましたところ襖をガリガリするので心配そうにして居りました。如何にも子供があると云はんばかりに襖や障子が破れたりしてるの嫌いな主人でしたからすぐ仁紀は「お父さんが帰ったらボクがあやまってやる」とやっと言葉が出るようになったばかりの時でしたので私はすっかり感心いたしました。寒い時でもちっとも冷たがらず玄関の前に足袋もはかずに両手指先握りあってただ立って居りました。お隣の宮崎さんも扶餘県の防疫所長に転任され、家もやっと一軒家に入って居った時でしたので外で、はねまわって遊ぶこともなく友達の無かった時でした。

話しは変わって前郭旗脱出――昭和二十年八月十三日、前夜半からあたふたと荷物をまとめ前郭旗の駅に集まり白城子の方面からのがれて来た最后の列車に乗り込みました。十五日天皇陛下の無条件降服の玉音を聞いてやむなく少しでも暖い方へ行って冬にそなえる為南下しました。鉄嶺と云うところまでやっと来ましたが既に露助（筆者注：ロシア兵の蔑称）がその先まで入っていることが分り一列車二千人位再び新京へ戻ることになりました。主人は其の列車の指揮をとっていました。途中四平街と云うところで主人の友達の四期生（筆者注：満洲国官吏養成機関「大同学院」第四期生、父の同期）の方から大きいお鍋をいただいて来ました。これはずっと道中、引揚げ後も使はしてもらった命の綱でありました。新京には知人も多いのでそこへ行くことになっても途中友人のある人は奉天（今の瀋陽）に下車した人もありました。

当時防疫所の藤田さんが新京に住んでおられましたのでその方のお世話で南新京の満鉄の宿舎の空いていたところに防疫所の一同住むことになりました。鉄嶺往復は無蓋車で散々な苦労をしましたので南新京の住み家へ着いた時は仁紀は栄養失調のため髪が薄くなり茶色っぽい短い頭の毛となりました。そしておちんちんがふくれて来ましたので病院にかかりました。小さい子供達にとっては本当に可哀相な戦争でした。その時私も悦子（筆者の妹）を生む月でしたので一緒に病院へ連れて行って貰いました。秋のよい日和でした。しかし、そのため私は悦子を早く生むことになりました。主人はとても喜んでお七夜にはいろいろ集めて来て御馳走を振舞って名前もおまえが好きにつけたらよいと云われました。当時は子供を冬に向って育てられない状況でしたのに初めての女の子でもありましてとても喜んで貰いましたので私は嬉しくて悦子とつけました。今までは東京の養父母がお祝いとして有名な姓名判断（筆者注：高島易団）の人に頼んでそれを送っていただいて居りました。仁紀の名前の意味は「衆望を一身に荷ない……云々」と冒頭の言葉だけ何時も忘れません。

明けて、昭和二十一年一月三日お父さん（筆者注：加藤正司）は亡くなりました。昭和二十年十月五日お産（悦子）が軽かったので一週間目で立ち働きをしまして、しまいに大病となり毎日床の間にリンゲルをおいて貰う体となりました。全然物が食べられなくなりました。やっと小魚を丹念に焼いてもらって食べるきっかけとなり（とたんでカマドをつくり、鉄かぶとの様なもので火を防ぎその上に小魚をアミで焼く、とても時間がかかる）お父さん亡くなる頃皮肉にも食欲が出て来ました。自分乍ら口惜しい記憶です。二月極寒の頃長澤さんが新京駅前に加藤病院を作って下さいました。これは主人生前発疹チフスにかかる前、長澤さんが赤痢で倒れていらっしゃる病床を見舞い和信診療所一つでは団体を養いきれないからもう一つ病院をたてたらよいと話されたことを実行に移されたのでした。二月十四日頃と思われます。私

父の葬儀にて。1946年1月

左から母、抱かれているのが妹・悦子、筆者（4歳、もうすぐ5歳）、弟・紘捷、兄・精也。

この写真は、引揚げ後まもなく亡くなった妹・悦子がこの世に生きた唯一の証拠である。

母はこの写真を形見として筆者に遺した。それは筆者が、父の葬儀の時に決意した「母を守り抜く」という覚悟による行動を多として、母が筆者に遺してくれたのかも知れない。

満洲引揚げ中の父の非業の死、難民生活中の足しにするための幼年筆者のタバコ巻き、母の背中をかき続ける、乗り切った苛酷な引揚げ船中の生活、悦子の死という一連のことが、筆者同様、母も生涯でもっとも忘れ難いものだったと思われ、母を守り切ったとまでは言えないが、筆者なりの母への使命感を少しでも果たせた結果かも知れない。

は一度も外へ出たことなかった体でしたが外はカンカン日光が輝き外の寒気も分らず無暴にもお赤飯を作ってカシミヤの和服コートを着て荷車にゆられて駅前の病院へお祝いにかけつけました。毛皮のコートもまだあった時でしたが皆奪われる時でしたので普通のコートを着て行きました。ところが帰宅して二階住いの階段を昇る時既に膝がこわばり全身リューマチとなりました。長澤さんのお母君のアドバイスによりお灸をしてもらうことにしました。そして前郭旗より遠い防疫所の仕事をして居られた伊藤さんと云う方をやっと探して貰い来ていただきました。何しろロ助の男性がりが厳重で日中男の人は外を歩けません時でしたので一回だけ灸点を教えて下さってあとは精也がその灸点の上を正確にもぐさをのせて二週間治療してくれました。上手に出来たとほめられました。それでやっと動けるようになりました。そうこうしているうちに生活の為に何か自立の道をしなければならなくなり皆がしてるタバコ巻をすることになりました。それからが仁紀の出番となります。私は脚を伸ばして膝の下に木製のアンカ（中に電気が通じてる）を置きコンサイス英和辞典を破り取り一枚づつその中へタバコのきざみを巻くのでした。仁紀は夜何時になっても私のするのをまねてじっと手伝ってくれました。疲れたからとか眠いからとか一言も云いませんでした。（五歳余でした）

その前ころも私が栄養失調かなんかで背中がかゆくていくらかいても「もういい」と云いかねる時がありました。何時までも何時までもかいててくれるもんですからこんな小さい子の手が一体どうなっているのかと思いました。天の屋利平の子供の様に思いました。精也のことにも一寸ふれておきますと冬の寒い日悦子のお乳をもらいに活躍してくれました。ひきずる様なねんねこを着て二階から降りて五、六軒先の益子さんと云う家へお乳をもらいに行ってくれました。

旦那は在郷軍人で防疫所とは関係ない人ですがロ助の目から逃れる為にかくまって上げてた人でした。結核にかかってる人とは全然主人は知りませんでした。その奥さんが赤ちゃんを生んで間がなかったので悦子のお乳を貰うことにお父さんが探して来て下さったのでした。私は母乳が出なくなって了いました。上四人は母乳で育てたのですが。その奥さんはお乳がたっぷり出て助かったのですが旦那は結核にかかっていたのでした。上の女の子供さんは助かってましたがその下に出来た二人の子供さんはどちらも結核で早く亡くなってました。その旦那は悦子を可愛がって風呂に入れたりしてとうとう悦子も感染して了いました。そこの家の女の子は首が座る様になっても悦子は骨なしの様にくたくたでそろそろ引揚げの話も出てたので離乳食の準備をして居りました。卵の黄身を食べさせたりしてました。そこの赤ちゃんはたしか悦子より一足先に初感染でなくなりました。

引揚げ船に乗る前に錦州の馬小屋をあてた宿舎に押し込められました。いよいよコロ島に向う日の夜は子供をねむらせては駄目だと命令が出て夜中に出発し洞門の真暗なところをくぐらせられました。その時両側に検査の医師など立って病人は帰えさないと云うて何かの光で照らされました。悦子はそれをのがれる為に後向きに抱っこしてやっと関門を通過しました。

コロ島では炎熱下コンクリートの埠頭に長蛇の列を作り、荷物の検査が厳重に行はれました。悦子は精也におんぶして貰い、浴衣の着物一枚は着せ、もう一枚はかけ、更に冬に供えて私のキモノで作った二枚のセルの着物をかけてました。長い道中行進は暑く重く現場へ着いた時は精也は悦子をおぶったままひっくりかえって了いました。

私は右手におにぎりのつまったお鍋、左手に汚れたおむつ、リュックにはお父さんと慎哉（筆者注：一歳で死んだ長男）の遺骨、悦子の缶ミルクその他、おやかん、リュックにぶらさげて。始めてリュックを背負ったもんで立上がる時はグラグラとめまいの様なものを感じました。その六月にやっと病後から起き上れたばかりでしたから。故渡辺とみ子さん（筆者注：看護婦）に手伝ってもらって紘捷（筆者注：筆者の弟）は手をひかえてもらいたい年ごろなのでなかなか追いつけず可哀相でした。

扨《さ》てどうにか乗船出来ましたが米軍の上陸用舟艇で割りあてられたところはその一番底の船室でした。大きな蒸気の通る鉄の管が暑気を一層かきたて正に炎熱地獄でした。足の踏み場もないようにぎゅうぎゅう詰めの有様でした。こうりゃんのごはんに海の雑草の汁と云う食事で子供達はお腹をこわしトイレに連れて行くにも梯子をのぼって甲板まで連れていかねばなりませんでした。食べるとすぐお腹すいたと云う状態でした。お腹をすかして待っていても余り少ない量なので子供達を我慢させ通しでした。あとできいたのですが、政府から配給になった食糧は船員が横流ししていたそうでした。

悦子は乗船するとすぐ栄養失調に加えて毎日発熱三十九度以上となりました。どうかして涼しい所へ連れていかねば今にも死にそうな様子でした。そこで仁紀は甲板の物かげを探して人に占領されない様走って行って狭い陽かげに大きめの木綿の風呂敷を張りその下に悦子をねかせました。毎日日課にしてくれました。夜は私が暗い甲板に出て海の涼しい風に当てて暮しました。毎夜ふるさと故国の見える船のへさきでローソクをともして拝んでいる人々がいました。ここまで来て堪えられなくなって（筆者注：亡くなって）水葬にしている人達でした。これも毎夜のことで今までの苦労は何だったのかと本当に気の毒でなりませんでした。一週間で内地へ上陸出来る筈がコレラ患

妹、悦子の引揚げ中の負ぶい紐
母が生前に筆者に遺した。1945～46年

者が出たらしく三週間の停泊となりました。甲板から下を見れば汚物の海、のみ水のたくわえは不足し、正に生きじごくの形相でした。悦子は三十九度七分の熱のつづき、早朝仁紀が甲板にかくれ家の場所をとってくれなければ到底生きられませんでした。仁紀の助けによって三週間の船中生活、一人では私はとても帰ることが出来ませんでした。あとでアンネの日記の生活を思うほどでした。

「子を思う心にまさる親心」。私の場合は本当に反対でした。「親思う心にまさる子の心」親孝行ばかりしてもらって……。最後まで迷惑をかけて本当に済みませんでした。深くおわびします。

平成四年　三月二十三日　終わり。

（筆者の「生い立ち」として母が便箋に書きつけた手記より）

＊母の書いたものは、加藤紘捷編『南天の実　加藤満白寿記念』（二〇〇六年七月）にも収録されている。

三　「日本は必ず再興する」

——敗戦・引揚げの苦難を乗り越えて

敗戦から引揚げのこと――岡本ミヨ子さんの追想から

突然の敗戦を受けて、状況は一変し、引揚げが始まった。このころの苦難をよく伝えると思うのが、ペスト防疫所の防疫官であった岡本直三夫人の岡本ミヨ子さんの「満洲引揚　三十五年目の追想」（『百斯篤《ペスト》村の想い出』所収）である。私自身にも引揚げは強烈な記憶として残っているものの、子供を抱えて遺された母の凄絶な状況は、岡本さんが書き遺されたものに通じるであろう。本章では、様々な方々の手記を引用して、引揚げの様子を伝えたいと思う。

まず、岡本ミヨ子さんの追想を紹介したい。父の死についても書かれており、心を打つ。

敗戦直前の前郭旗ペスト防疫所官舎の平和な一日……

加藤所長の指導で官舎の裏手に畑を各自割当てられて野菜類を各自つくっていた。所長の畑にはカブ菜の葉が驚く程大きく立派に繁っていた。所長は上きげんで「立派なカブだろうリウアン肥？でこのようによく育った……」「皆さん入要なだけ取って行きなさい……」とのことで奥様方大よろこびで引抜いてみたら期待していたカブラはビールの蓋位の小さいものであったので一同大笑いにくづれた。そこへ長澤先生がおでましになって「うちの畑はサツマイモを作ったから少し皆さんにあげよう……」と……よろこんで皆が引抜いてみたならこれまた親指位の大きさの可愛いものであった。カブもサツマ芋も葉は立派に育っていた。先生方も野菜造りは平和な笑いの種として大いに役立っていた。一同各自野菜を分配し合って、私も各野菜を大きい篭に山盛りに私の官舎の方へ歩いて行ったが葉っぱで前方がよく見えなかったので防疫所のゴミ捨て用に掘ってあった大きな深い穴に落ちた。深いので一人ではい上がることは出来なかった。この光景をどなたか遠くから見ていて「岡本の奥さんが今歩いていたのがすっと消えてなくなった……」と言われ皆さんがかけつけて下さった。

この平和なペストの官舎に関東軍から私の主人にも召集令状が来て北満洲の吉林の陣地に征ってしまった。吉井さん、金山さんのご主人にも召集……私達は留

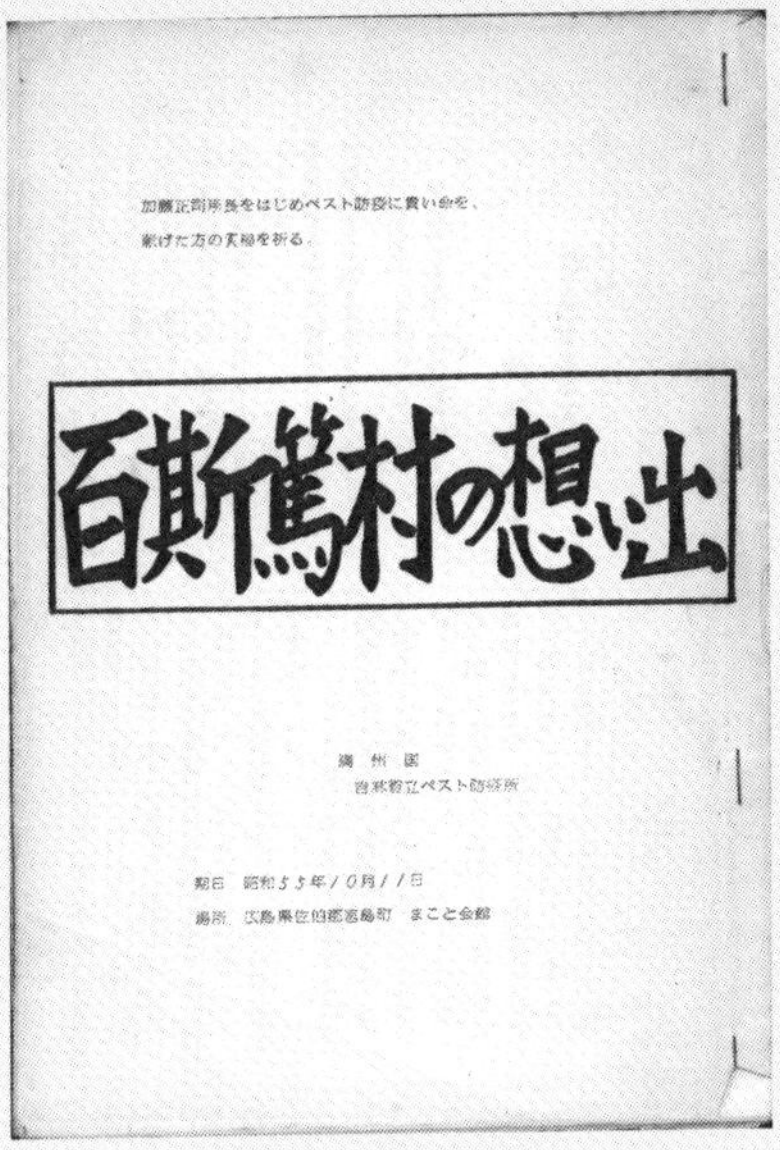
加藤正司所長をはじめペスト防疫に貴い命を、
捧げた方の冥福を祈る。

百斯篤村の想い出

満州国
吉林省立ペスト防疫所

期日 昭和55年10月11日
場所 広島県佐伯郡宮島町 まこと会館

守家族になり所長外皆様のお世話になっていた。

この平和な官舎の生活に突如敗戦の悲報……が

戦えば勝つと信じていた日本に……。次の急報が防疫所に伝えられ、確か昭和二十年八月十四日と思う。「間もなくソ連軍の数百の戦車隊がこちらに向かって来るので今から一時間後に……着られるだけ着、持てるだけの物を持って所長宅の前に集合せよ……との連絡あり。一時間後に避難平和な夢は突如破られた。

何から何うして……と頭の中は大混乱……主人は居ない……只部屋の中を行ったり来たり。とも角三人の幼い子供（長男・一正　六歳、次男・功　五歳、三男・三正　生後十一カ月）の身支度。おにぎりの用意。ミルク、砂糖、オムツ、水筒等を無我夢中で揃えた。

満洲大陸の夏は日中は灼熱……夜は冷えこむので八月の夏、子供達には綿入れの上下に防寒靴、私も主人の戦死した弟の形見の冬の上等の毛の背広服と弟のオーバ（ラクダ）を着て三正を背負い、赤ん坊用の野菜をと思い畑の人参・大根を取り……おろし金と手鍋を腰にぶら下げ、着類等の荷物を両手に……ころんだらとても起き上がれない程になり、所長宅に集まるべく一時間後に外に出たところ、驚いたことに、防疫所や官舎の周囲の土壁のへいの外、一帯に満洲人が群っていた。日本人が官舎を出た直後の掠奪を待っていた。

悪魔のようなソ連戦車が今にも襲って来る？　一瞬先はどうなるのか？　当時前郭旗（県庁の所在地）の日本陸軍在郷軍人分会長陸軍歩兵少尉の加藤所長の指揮、お骨折りにて列車に乗り込むことが出来た。この列車が前郭旗を去る最後のもので大勢の日本人が群り乗り込んで来た。あふれる満員の真夏の列車の中は灼熱地獄であった。冬衣を着せられた子供三人を見るとまっ赤な顔で口を固く結び何も言わない。さぞあつく……どんな思いだろうと胸元を拡げてやるともうまっ赤い湿疹が肌をおおっていた。蒸し風呂の中である。

避難列車は新京（当時の満洲国の首都）に向ってどんどん走りだした。おにぎりはすっかり腐って長い糸を引いていた。それでもまづく食べていたらこのまづい腐ったおにぎりを見た隣の人がニンニクの塩漬けを下さった。そのおいしかった味は今も忘れられず今日尚ニンニクを愛用している。

新京駅に着いた。駅の構内は各地からの避難列車で一ぱいで、列車も人も身動きできない。誰か大声で何十機の飛行機が新京の空を舞っている。日本のと思い、日本が勝っているのだ……と新京の駅は日本バンザイの声でうまった。

次の瞬間、あれは侵入したソ連軍のだ、日本完全に敗れたのだ……万事終りだと私は思った。

日本人の避難列車の群衆の中で何人かの群れの中に五百瓦《グラム》入り？の毒薬の瓶を渡されてい

た。私は代表としてその毒薬の瓶を持たされていた。日本敗れていざという時に、これを全員服用すれば瞬間にして死亡する……と言うことであった。

主人と新京駅頭での生別れ

新京駅のホームは日本軍の銃が多数組み立てられている。あれは日本軍の武装解除と言われ、新京のホームは騒然として来た。毒薬はいつ呑むべきか……。その時召集されていた主人（岡本直三）と岡本中隊長の伝令としての野中さん二人が現れて来た。

前郭旗の皆さんは日本敗れたのでとても二人で吉林の山奥へは行けないので、ここで皆と行動を共にした方がよいと勧められた……が主人達二人は日本軍避難貨物列車に便乗して野中さんと二人でソ連軍と戦っても行ける所まで本隊目指して行かねばならぬと申して新京駅から私達母子四人を残して去っていった。これが一生の別れと思いました。子供達は只ボンヤリみていた。私は主人の乗る列車が見えなくなり、悄然として子供の手を引いて私達の列車に戻ったのです。

避難列車の旅……

何日か経て朝鮮経由で日本に帰れると、私達の避難列車は出発した。しばらくして列車は鉄嶺に来たがこの列車が後方の部分が引き離れて途中に残されたので列車は又新京に逆戻りを始めた。その途中私達の列車は停止を命ぜられソ連の兵隊がなだれ入り、万年筆、時計、バンド等欲しいと思った物はすべて私達から掠奪してサッサと去って行った。もう日本に向って南下する事は出来なくなり、私達は所長外皆様のおかげで新京市内の小学校に入り、何日ぶりにか身を休めることが出来た。何日か何日か経った後、ワッと言う喜びの声が起きた。はぐれたご主人が家族を尋ねてめぐり合った喜びの声であった。私達主人の居ない留守家族はその度に淋しい心で一ぱいであった。

新京市内避難の日々

その中、野中さんが家族を尋ねて帰って来た。私の主人は、いなかった。野中さんに尋ねたら主人はまだ部隊に残っている……とのこと。当然の事であると私は思った。唯、心の中で無事生存を祈るのみであった。

所長の奔走の結果、私達ペスト関係の一団は相当離れている南新京の満鉄の空いている社宅に移動することになった。着物を持ち幼児を連れての徒歩移動である。私もこの集団について歩いているのだが、何してもおくれて落伍しそうになり、金山さんに扶《たす》けられ、やっと皆の一団にはぐれないですんだ。この時私は妊娠していたのだと後で気付いた。このため私は抑留期間中、人一倍の辛酸をなめた事になった。ペストの一団が居住する満鉄の社宅に命がけで辿りついた。終戦前に朝鮮方面に逃げて行った社員の空き家で二階建一棟六軒長屋であった。金山の奥さんと共に取りあえず一軒に入った。

私達がペスト防疫所の官舎を去る時に或は近い中、又帰って来るやも、と思い、その床下に味噌、醤油、米等の食料品をかくして来たが……満鉄の社宅の人々もそう思ってか、床下に夫々《それぞれ》味噌、漬物、米等の食料品が多く入れてあった。又台所には鍋・釜等炊事具はそのまま置いてあった。家の中は満洲人に掠奪されており、タンスの引出しからキンシャの晴衣《はれぎ》や、赤い長ジュバン等がブラ下がっていた。満洲人は木綿類しか持って行かなかった。次の日から私達は夫々他の空き家に行っては、目ぼしい品物を見付けては持ち帰えり、子供達の着る物も作ることが出来た。

ペスト防疫所の一大家族集団の中にて私達母子もいつとも知れぬ引揚の日を夢見て生き伸びてゆく事が出来た。

抑留生活が本格的に始まった――

所長はじめ防疫所の各ご主人方は大家族を支えるために命がけで奔走し働いて下さった。家に残る奥様方も煙草を巻いて街に出て、満洲人等に売った。

御主人達は、味の良い煙草を作って収益向上のため、煙草を巻くよい紙即ち英語字典を探し歩き、又は煙草の味付け用のウイスキ……、砂糖等を探し求め歩き、ヤミで買ったり、煙草巻き器を工夫試作した。

その中煙草もよく売れなくなったので金山の奥さんと白米を一升づつヤミ買しておにぎりを売りに行く事になり、机の引出しにおにぎりを入れ、紐を付けて首にぶら下げて、金山さんは幼い子……敦っちゃんを私は三正をおんぶして二人で街におにぎり売りに出かけた。人の混雑している新京のヤミ市に行ったが売れない。何と言ってかけ声を出したら売れるのか……然し声も出なかった。売れなかった白米のおにぎりを久し振りに家族で食べた。長澤先生が、おにぎりがだめだったら薬を売ってみては……と云われるので、金山さんと街へ出かけて薬の入った袋を並べてみたれど、だまって坐って薬袋を只見ていたのでは、これ又さっぱり売れなかった。

ソ連兵や満洲人の掠奪横暴

ソ連兵も新京方面の街に沢山入って来るようになった。夜になると各日本人避難の家に侵入し掠奪する、婦女子に乱暴する。対策として各家では表も裏も板を釘づけして侵入を防いだ。家の中はまるで牢獄のようになった。二階建六軒長屋の私達の家の二階の押入れに、一カ所づつ穴をあけて通り抜け出来るように、逃路を作った。段々と夜襲を受ける事が激しくなって来た。男の人々は女達が早目に逃げられるよう、夜中は空カン・鍋・フライパン等を外に出しておいて町中が一斉にこれ等を叩き、この合図で私達女は、暗黒の夜を、野原を遠くまで夢中で走った恐ろしい思い出もあった。

その中、ソ連兵、満洲国の兵、又は満洲に侵入して来た、毛沢東の共産八路軍（これは今の中華人民共和国軍の前身である）等の市街戦も始まり、私達の屋根の上を大砲の丸《たま》が飛んで行った。私達は畳の上に張り付いていた。

或る夜、家の釘付けの板をけ破って同居の杉浦・永沢進さん、私の居る室に八路軍の共産軍兵士が侵入して来た。私達、子供、全員は、只畳にはり付いて平伏し彼等の掠奪に任せたこともあった。靴で頭を踏まれることもあった。敗残の憂きめを死線の上で味わされたことも度々あった。

日本人避難街に発疹チフス流行、加藤所長の殉職——

当時では必ず死亡する発疹チフスが流行した。私達の大黒柱であった所長は日夜寝食のいとまもなく避難民街の防疫のために、発疹チフスにたおれられました。奥様はじめ防疫所職員の皆様一同の看護も及ばず、昭和二十一年一月三日日本人救護の防疫中殉職されたのでありました。私達は親と思う加藤先生の柩が曠野の涯てに遠く遠く点のようになるまで一同涙でお見送りした。

今ここに思わず……再び……
なき人を永久《とわ》の別れと弔《とむ》らえど　心に消えず　ありし日の面影――

中尾奥様も病む暇もなくおしめのとれぬ幼な子に心を残し乍ら他界されました。

極寒の最中の私のお産――

栄養失調中の避難家屋の中で気の遠くなっていた私の出産が始まった……その時の私の耳の底に誰かの声が聞えて来た。産婆さんが居ない……それでは渡辺さんの奥さんに……と。かねてから出産が近づくやこれは大変なことだから、三人の幼い子供達が皆様に迷惑が少しでもかからぬよう祈っていた。かねて作っておいた上下の綿入れ衣を三人の子供に着せて一正に……二人の幼い弟の面倒を見るように言い聞かせておいた……。

命がけのお産が終ってから僅かに二～三時間経過した頃であった、毎日コーリャンばかり食べていた一正や功は下痢をしていた。そのため一階便所は足の踏み場もなく汚れたとの声が……二階の私の耳にかすかに聞えて来た。同居の皆様の声に……。私は便所を掃除しなくては……と起き上がろうとしたが産後二～三時間後のことで立ち上る力がなかった。壁につかまり立ち上がり階段を降りるべく下を見た時に深い谷のように……目まいがするのでそこらの紐を取って鉢巻をし、降りて便所をのぞけば下痢で大変な汚れよう。ボロぎれでやっと拭い取り、子供達の足を洗ってやらねば……と湯殿に赴き風呂桶をのぞけば極寒時の満洲で……その水は厚く凍っているので、薪割りで力のある限り叩いたが割れない。その中に力が尽きはて私はその場に昏倒して、まっ黒に……暗の中に落ち何も分からなくなった。私は今でも覚えていません。二階にかつぎ上げられ診察を受けたことを。安ナカ注射安ナカ注射と言う声がかすかに耳に入り再び意識は不明に……その時私は死を宣告されていたそうにて、しばらくして私の周囲には多勢の皆様が居られるのが、かすかに私の目に入りました。九死に一生……でした。それ以降私は起ることが出来ないので産まれた乳児は皆様が近所を廻って貰い乳をして下さったのでした。かくしてしばらくの間、私達母子五人は皆に大変お世話になりました。

避難の日々の生活へ

三正はひどい栄養失調で泣くも笑うも同じ表情になり、口の中は歯茎が全然無くなっていた。私は命拾いの後やっと歩けるようになったので再び広い新京駅の構内に石炭の燃えがら・コークス拾いに金山奥さんや皆様と共に通った。自家用燃料と販売用にするために。その途中広い野原や畑に大きい古雑巾様のものが無数に捨ててあった……それは死亡した人（主として日本人……）でその肉体は狼や野犬やカラスに食い尽され、衣類だけが残ったものであった。又その野辺の向うに八〇センチ位の青々と伸びたセリが生い繁っていたので大喜びで金山奥さんと沢山とって帰えり、さっそく油いためをして、久し振りにおいしく沢山食べた……ところが全員食中毒にかかってひどい下痢をし、苦しみ、私は再び命を落すところであった。長澤先生に言われた……即ち満洲の大型の野生のセリには沢山の虫が付いているので中毒するので、このセリを食べる人はいないのだ……と。食べ残したセリをよく見ると葉と茎の間には無数の小さい虫がついていた。私はいまだにセリは食べられない。

引揚げ帰国の時が来た……

その準備のため無いお金をはたいて乾パン、食品等をヤミ市で……母子五人分と思い二升五合入りの大水筒も買った。地下足袋が適当と言われるので探し廻ったが足袋九文のところ十一文と言う、私の足が二つ入るような大きい物を買った。

引揚げが始まったのは昭和二十一年七月半ばの頃、暑い大陸の夏であった……一正には功と共に夫々重いリュックを背負わせた。私は背に四男と、前に幼い三正を抱き、赤ん坊二人分のオムツ入りの大袋を肩にかけ、二升五合の水の入った大水筒にもう一つの軍用水筒を首にかけたので息も苦しい状態となり、その上両手に持てるだけの必要品を持った。何しろ母子五人分の品物である。その重さのため体は前に傾き、上を向くことも出来なかった。

宿舎から新京駅まで曠野を歩く……一正と功は荷車に乗せて貰って大喜び……私はその時三十二歳……何が何でも日本の地をこの五人で踏まねばならない……何十kgの物を身につけて、一歩一歩団体におくれぬように歩かねばならない……生きて……

歩く度に目から一寸位いの長さの火花が散っていた。目から火が出る……と言うことを聞いたことがあったが、それは事実で、はじめて体験した。新京駅に辿り着いた時はフラフラであった。又死ぬような気がしてならなかった。背中に負う四男の重みで私の体は前かがみになる、前に抱いている三正は私の体が前に屈するので圧迫されて泣き続けていた。よくたえて生きて来た。母親の力を今日でも一人感じ入っている。四人の幼い子を残して満洲で倒れてはならない、と言う母親としての精神力であったであろう。

引揚列車に乗りこんだ

無蓋車の私達の引揚列車は日本へ日本へと走り初めた。錦県と云う所に途中下車し、何日か何日か待って与えられた引揚船に乗ることになる。仮の宿舎（馬小屋のような建物）まで大変な距離を又々歩くのである。引揚の日本人の長蛇の列が満洲の大平原に一すじの縄のように遠くまで続いている。道の両側には各人が無理をして此処まで持参した荷物が、体力にたえかねて小山の様に捨てられている。私は辛くとも母子五人分の荷物であるので一物も捨てる事は出来ない。私は一正と功に号令をかけて、あれを拾って今まで持って来たこれを捨てよと、二人は私の指示通り拾っては捨て、捨ては又他の良い物を拾って行った。ここでも私は四人の幼児とその荷物を持って死にものぐるいの行軍をした。やがて到着した小屋は満員であったので、二〜三日間？野宿をした。満洲人が靴を売りに来た。私の全財産は一七〇〇円であった。子供二人の靴が大破しているので二足の靴を買ったら三〇〇円残った。一正、功は新品の靴で、とび上がって喜んでいた。

やがて乗船する時が来た。コロ島の港である。

乗船の際、アメリカ兵が引揚者の頭から全身にＤＤＴを散布するのである。私が子供を背に負い前にも一人、両手に幼い子二人を連れて荷物を山程ぶら下げているのでアメリカ兵も驚いていた。二千人位乗る貨物船で吉井さん家族と私家族は一番下の船倉で、満員であった。港の船に疑似コレラ発生で何日経ても引揚船は出港できなかった。毎日引揚者全員を甲板に集めてはコレラの検便である。一番下の船倉から甲板に上がる金属の細く長い梯子は五階建のビルを上まで登るようなもので危険であり、毎日何人かが落ちて死亡していた。私は四人の子供を一人づつ背おったり、連れて四往復、その梯子を上下しなければならなかった。船の食事はうすい海草の入った汁と小さい乾パン一握りが一度の食事であり、米粒は沢山の船員が横領していた。その米俵の空いたのをパンパン叩くと一つの米粒が何個か落ちてくる。私達は毎日その米粒を拾いに甲板を昇って行き、半月続けてやっと盃一杯分の米粒が集ったので、はんごうにその米を入れて、うすいうすいおかゆを船員に頼んで作ってもらい、親子五人で半月に一回づつそれをむさぼり食べた。船は出港しない。全員ひどい栄養失調で誰もが顔一ぱいのおできで見るかげもない、情けない姿になった。私の子供の頭もおできで髪は一本も無くなってしまった。私達の船も毎日何人かが死亡して行く。死体引取が来ないので、死体の柩の山が出来、その悪臭が船倉一ぱいに満ちている。八月の夏にて海には時々暴風が来る。船が揺れて引揚者の大勢は船酔いになり食事をとらない。私達母子は全く船酔いしないので皆さんの食べない食事を腹一ぱい食べることが出来た。一正、功の大事にしていた靴が船中の塩風に当っている間にその底がはがれて来た。よくみるとそれはスルメいかを切って張り付けたものであった。

いよいよ上陸の日が近くなった時吉井、金山の奥さんが話して下さった。岡本さんよく生きて帰れてよかったね……と。お産……便所の掃除の時倒れた時は「危篤で岡本奥さんが死ぬ……と発表されたので私達は枕下に一同集まったのよ……」と。それではあの時に即ちそのまま気が遠く……わからなくなった時の自分は死の寸前だったのか……あの時あのまま死んでいたら四人のこの小さい子供達は、こうして引揚船の中に居ることは出来なかったのであろうか……又どんなにか前郭旗の皆さまに大迷惑がかかったか……生きていて良かった、とつくづく思った。

上陸開始……今度は赤ん坊を一正に背おわせ、私は三正をおんぶして沢山の荷物を両手に持つ。駅に行く途中アメリカ兵が所々に立って私達を見張っている。一正は満洲で外国兵……の横暴にこりていたのか……港でも外国兵の前を通る時には一正はていねいに必ずおじぎをする。赤ん坊を背おって七歳の子がおじぎをするとよろよろする。列車に乗る前に引揚者に対する五人分の衣類が支給され又荷物が増加してフトン袋が二個になった。駅の階段を昇る時は子供と力を合わせ押し上げ、降りる時は上から突き落とし通行人は驚いて飛び上がる。このようにぐづぐづ荷物と子供四人のため時間を費やしたので、指定された引揚列車は既に発車した後であった。

一般の列車に乗ることになった。荷物諸共一般旅客に手伝っていただいて満員列車に押込まれた。満洲引揚者で汚くて臭いのと子供と荷物が多いのに同情されて腰掛の席をゆづっていただいた。その腰掛の下にさつま芋のしっぽが五ツ切れ捨ててあった。一正と功はそれを拾って食べた。空腹であったのであろう。誰かが少しさつま芋を分けて下さった。その時はこんなにうまい物が世の中にあったのか、と思った。

いよいよ故郷の家に到着した。私達の見すぼらしさが浮き上って目立った。私の頭は髪を切った坊主頭におしめの乾いたのをタオル代りにかぶり、はいている十一文の大きい古地下足袋は腐ってコハゼもなく、ぬげないように紐で足にしばり付けてあり、子供の靴も底のスルメは外れ、ボロキレで足に巻き付けてあった。家の前に到着した時のこの姿に両親(主人の)は私達五人に気が付かない。家の前を入りかねて私達が二〜三回行き来したのを見た両親は「親子五人連れの乞食は外地引揚げの母子であろうと……目前を通る私達を見た時そう思った……」と後で話してくれました。

私の体験はほんの一例を示すもので……日本の地を踏まず大陸で倒れた老若男女はどれだけ多くあった事か……前郭旗ペストの皆様の大同団結、苦楽、食べ物も分ち合い助け合って過した共同生活のおかげにて比較的多数の方々が帰国出来た事にて、その生死を共にしたことは今日尚三年に一度の会合を忘れられないなつかしいものにしているのであると思っております。

(『百斯篤村の想い出』より)

新京での越冬——長澤待子さん「引揚げの日日」から

続いて、ペスト防疫所で父の部下であった長澤武先生の奥様の長澤待子さんの「引揚げの日日」を引用したい。「所長」というのは私の父の加藤正司のことである。

昭和二十年七月二十八日、突然「ソ連戦車が襲撃してくるやも知れぬ、日本人全員午后三時、前郭旗駅に集合せよ。これが最後の避難列車である」と隣組を通じて知らせてきました。主人はすぐ役所から走って来て、戸口に立ったまま、「防疫所の者は二時半に全員揃って馬車で出発する、二度とこの家には戻れない、着替えをリュックに入れて夜の弁当を持ってゆけるように……それから自分は役所で仕事がある、事務の引継ぎはいいとして、ペスト菌の処置、実験動物の処置、これは俺の責任だ、自分がやる、これは時間がかかる。家のことは全部お前やってくれ」早口にそう言うとすぐ出て行ってしまいました。

私には五歳と三歳の女の子があります。その上あと五日が予定日という臨月のお腹です、

「ああどうしよう」と思うと急にお腹が痛くなってくる。前の日京城から着いたばかりの両親が居てくれなければ、私はお腹を押さえてその場に座りこんだでしょう。「しっかりするのよ」と励まされてやっと痛みをこらえました。お米をとぎ、七輪に火を起して夕食の鍋をかけた。

「落ちついて落ち着いて」と自分で言い聞かせながらリュックサックを揃えた。二人の子供のには戸棚のお菓子と替えの下着を入れた。私のには、生まれ出る子供の産着と、おむつ、チリ紙、石鹸、タオル、麻紐、針、糸、ハサミなど。主人のには仏壇のお位牌、経文一巻、医師免許証、卒業証書、貯金通帳、公債証書だけです、下着、ジャケツ二枚これだけでもう何も入らない。両親の荷物は駅にまだ着かない。僅か下着一枚ずつボストンバッグに入れてきただけです。それで主人と私のものの着られそうなものを着てもらおうと風呂敷に包みました。着てゆくものは国民服とモンペと防空ズキン地下足袋これは何の迷もなかった。（略）

この時、主人が一人の満人をつれて来た。私に、「郭君です。いつも実験室で手伝ってくれる人です。」と言うと郭さんは丁寧におじぎをしました。「本はね、全部郭君にやる。後からボーイが取りに来るから渡してやりなさい。田舎に出張している一人の職員に連絡が取れないで困っている。郭君が後で何とかすると約束してくれた。」と言って「それからシューバーを着てゆく。いいいね。これリュックサックに入れて……」と百枚綴りのレポート二冊受け取った。

二人が出て行くと、入れ代りにボーイが来た。本棚三個に詰っている医学書、これは主人の俸給の殆んど全部をつぎ込んである。私達の唯一の財産をボーイは何回も何回も何処かに運んだ。

私は皆のシューバーを揃えた。この真夏の暑いのに重い毛皮の外套を着て行くのだって‼驚きながら私にその力があるだろうかと不安になった。（略）

出発にあと十分という時、主人が帰って来た。荷物を点検すると「これでよい」という。私は「お金は」と尋ねた。炊事用のごく僅かしか持っていなかったから。主人は「防疫所には現金が無いのだ。満人達にも給料が払ってやれない。所長は自分で銀行に行って交渉したが、こんな小さな町には現金が無いのよ、どうしようもない。」と顔を曲げて言った。

そして裏の鶏小屋に行って扉を開けて三羽の鶏を外に放してやった。「三つ産んでいたよ」といって茶色の卵を持って来た。昨日のと合わせて皆が卵を割ってすすった。毎朝毎朝子供といっしょに餌をやっていた鶏との別れが胸に急にこみ上げて涙が出た。炊きあがった御飯が入っている鍋、もう一つの小さな鍋、ヤカン、箸、アルミ皿、お椀、包丁、塩壺、砂糖袋、醬油瓶、マッチ、ローソクを木箱に入れて紐をかけて主人が持った。私は三分の一程残っていた米袋をぶら下げ片手に三歳の子の手を引いた。防疫所の庭には皆がもう集まっていた。

馬車が動き出した。ふり返ると防疫所の満人達が横一列に並んで手をふって見送ってくれる。こちらも激しく手を振った。車輪がゴトリと凹地に入る度に私のお腹が痛む。手を当てるとピンピン張っている。

駅に着くと貨車が待避線に入っていた。早く乗るように駅員がせき立てる。満鉄の貨車は私の頭より更に高い。細い板が一枚その戸口に渡してある。つかまる所が何も無い、ゆらゆら揺れる板の上をお腹を両手でかかえながら登った。全員乗車しても列車は少しも動かなかった。一時間、二時間列車はそのまま待った。三時間もした頃、軍用列車が続いて三つ通過した。そして私達の列車は新京に向け動き出した。

夕暮れが薄く漂っていた。駅に続いて防疫所があるはずです。戸口を少し開けて見ていると、さっきまで私達が居た防疫所の屋根が見えてきた。驚いた事に何処から集ったのか蟻の大群のように満人が群れて、外壁を壊して侵入している。役所と宿舎とから、机、椅子、戸棚、布団、新聞紙等、ありとあらゆるものを持ち出している。正に地獄の餓鬼がたかって盗賊していた。打ち破られた窓から餓鬼が出入りしている、見るも無残なわが家の姿を私は見てしまった。

翌日、列車は新京に入った。郊外の機関庫のような所に入ってなかなか動かない。受け入れが出来ないからと次の日の夕方、奉天に廻送された。（略）

奉天まであと二つという駅で停められた。奉天も駄目、戻れという。四平に停り、又、鉄嶺に停りだんだん戻って、八日目にやっと南新京の貨物駅に下りた。と急に陣痛が激しくなった。辛い、だが安心の出来たお産でした。男の子が生れた。新太郎と名ずけました。

満鉄職員が日本に引揚げて空いていた社宅に入れてもらえまして本当に有難いことでした。（略）一文無しの私達は新京で冬を越すことになりました。

所長先生は民生部にかけ合って職員の給料をもらって下さった。しかし僅かなお金でした。夜、暴民や夜盗が頻々と襲って来るので戸口や窓には板が打ちつけてあり、女は髪を短く切ってしまいました。

「生活力のある者は離れて自立してもよろしい。女、子供はここから離れてはいけない。」そう言われる所長先生の目は血走っていました。診療所を二ヶ所開いて少しでもお金を得たり、日本人会で防疫の仕事をしたりして、稼いで下さいました。稼いだ収入は皆出し合って、高粱を買い、粟を買い、馬鈴薯を買い、ねぎを買って皆に分けました。徹底した共同生活でした。

吉井さんや岡本さんなどについて私も石炭《コークス》拾いに行きました。産後の青い顔をしてふらつく足を踏みしめて、風の吹き通る鉄道線路に行くのです。その道すがらアカザを摘みます。はるか彼方に汽車が見えると、大急ぎで線路の傍で両手を振り上げます。目の前をうなりながら驀進する機関車からザラザラザラ石炭《コークス》がこぼれます。いや運転手さんがこぼして下さるのです。「ありがとう」と又、両手を振り上げて遠ざかる汽車にお礼をいい、それから石の間に散り落ちた石炭《コークス》を一つぶ一つぶ拾うのです。大豆ほどの屑まで拾います。小さな袋がやっとふくらむと、これで晩の粟が炊けると嬉しくなります。吹き倒されそうな強い風に身をくぐめて帰って来ると、お爺ちゃんは二人の孫を連れて川端でノビルをつんで来ていました。

「ノビル皆んなに配ったのよ」と娘が言う。こんな子までが共同してくれる。

七輪の中の石炭《コークス》で粟の粥を炊きアカザの薄い味噌汁、ノビルの酢味噌和え、結構おいしいお料理です。両親は私に「さ、おたべおたべ」とすすめる。私のお乳が出なければ新太郎は育たない。粟の粥でも両方の乳房は張り、新太郎は頬をブクブクふくらませながらよく呑んでくれます。

十二月、寒い日でした。西の棟の奥さんが心臓が悪いとかで急に亡くなってしまいました。柩をかついでいった主人が帰ってくると、体の調子がおかしいと言って寝込みました。自分で体温を測り、腹をおさえ聴診器で胸をみて「これは腸チフスだな、やがて意識が無くなるかもしれん。決して食べさしてはいけんよ」と言った。心配していたことが本当になった。翌日から高熱が続き、意識が無くなって、うわごとばかり言います。

その時加藤先生は発疹チフス、になられ正月三日に亡くなられました。主人は二週間も高熱が続き、意識不明が続いたのに不思議となんとか立ち戻ってくれました。

先生が亡くなられた事を話すと、今からすぐお参りに行くと言い出しました。立つ事が出来ません。私は、主人を背負いました。極限まで痩せて軽いこと、まるで小学生ぐらいです。加藤先生の二階の階段も背負ったまま易々と登れました。新しい白木の位牌に永いことぬかずきました。涙ながしてお参りして帰ると、主人の体から汗が急にどっと吹き出て倒れました。骨がとける脂汗のようです。私は夢中で抱きかかえてお茶を飲ませました。もう死ぬと思いました。二時間程してやっと意識が戻りました。

所長先生が全く突然に亡くなられて皆、本当に落胆しました。それから、更にはげしいドン底の生活が続きました。しかしよくまあ底がぬけなかったこと。よくまあ徹底した共同生活に皆が心から協力して下さった事。今思えば不思議な気がします。

（『満洲吉林省の百斯篤防疫を担当して（上）』）

「日本民族は、きっと国家を再興すると信じます」
――吉井武繁氏の手記から

満洲国官吏養成所「大同学院」で、父加藤正司と同期（第四期）であった吉井武繁氏は、東京帝国大学を出身し、満洲国経済部鉄鋼原料科長として活躍された。父の同志で共に満洲国に青春を捧げ、戦後は同胞の満洲引揚げ事業に多大な貢献をされた。

引揚げ後、陸上自衛隊に所属。東部方面総監部幕僚副長、第二代自衛隊体育学校長、陸将・第三代第五師団長を歴任された。体育学校長時代には、一九六四年東京オリンピックが開催され、マラソン競技で同校・陸上自衛官の円谷《つぶらや》幸吉選手が銅メダルを獲得した。

私が高校生の頃、一人で留守中の自宅（仙台市小田原裏山本町）を、吉井氏が突然訪問されたことがある。軍用車両を数台連ね、父の仏壇に線香を上げるための来訪で驚いたことがある。

一九六〇年、私が早稲田大学に入学した四月、同氏から桜満開の新宿御苑で「大同学院」同窓会主催と思われる「花見の会」（四十～五十人）に招待され、参加者一同に紹介されたことがある。

私は、父の盟友であった同氏に父の匂いを嗅ぐことができた様な気がして、大変嬉しく思った覚えがある。

しかし、私はその直後（翌五月）にまさかの「六〇年安保闘争」に巻き込まれ、その後は私が〝思わぬ道〟を歩んだため、爾来同氏の薫陶を受けることなく過ごしてしまった。それを今も心のどこかに悔やむ気持ちがある。そういう定めだったという他ない。

記憶はないが、氏が満洲での父の葬儀に参列されたとき、仙台の我が家を訪れ父の霊前に線香を上げてくださったとき、そして新宿御苑での花見のときと、私は氏に三度お目にかかったことになるが、終生我家のことを気にかけて下さった方で、非常にありがたく思っている。

なお、氏は、満洲引揚げに関する手記「国共対峙下の同胞救出」（『満洲建国の夢と現実』国際善隣協会編、謙光社）にあるように、父の死後も父同様に邦人救出のため、最後まで懸命に尽くされたのである。お陰様で私たち家族を含む邦人引揚げ者が無事日本に帰還できた。

吉井氏の手記に、次のような心に深く刻まれる言葉が登場する。ぜひ引用し紹介したい。

「松花江を見下す左岸に迫った丘の上に、元満洲国立吉林師道大学出身で転進分所勤務の青年将校李少校と二人だけで腰を下した。北満の果しない黒い大地を、鉄路伝いに蟻の行列のように、南下して来る遣送集団を眺めながら、眉目の整った若いこの少校は、初めて中等程度の日本語で、自分に云い聞かせるように私に語りかけた。「戦さに敗けると云うことは、本当に惨めですね。しかし、幼きを労はり、老いを助けて、秩序正しく団体行動で引揚げてくる日本人の集団を毎日繰り返し見ていると、日本民族の強靭さと、教育水準の高さを感じます」……「日本民族は、やがてきっと国家を再興すると信じます。この中国は、残念ながら、今も内戦を続けており、その前途が不安です」そして次に語調を落として、「あなたが、変名していることを私は知っています。それは私の胸の中にしまっておきましょう。この仕事を終えたら、あなたも、早く日本に帰って、頑張って下さい」と云われた瞬間、思わず私は彼の手を固く握りしめた。」

（「国共対峙下の同胞救出」、『満洲建国の夢と現実』所収）

新京防疫の尊い犠牲——伊吹皎三氏「新京敗戦記」から

伊吹皎三氏は、東北帝国大学医学部医学博士であり、満洲国民生部健民科長として新京邦人難民収容保護・防疫・引揚業務に挺身された。引揚げ後は元宮城県衛生部長を務められた。氏が遺された「新京敗戦記」には、父も登場する。私はおそらく母のもとで伊吹氏の手記のコピーを見てこの手記の存在を知り、国立国会図書館で調べたところ、「新京敗戦記」が連載された『日本医事新報』を入手したのである。これも引用して紹介したい。

九月十六日

（略）ソ連の兵士の各戸襲撃は益々激しくなって来た。ソ連が国境を突破した時、ラジオで「ソ連の人民は、日露戦争の恨みを忘れるな」とスターリンの名で放送していた。プロレタリア革命をやったロシアが、帝政時代の恨みを思い出させるのもおかしなものだと思ったが、今は、毎日繰返されている兵士の掠奪暴行を黙認しているとしか受け取れない。

プロレタリアの国、労働者と農民の国、正義と人道をモットーとする国のやることとは考えられない。よほど神経が太いのか、それとも、日本には、侵略と搾取を事とする階級しかいないと考えているのか、いずれにせよまことに遺憾なことである。（略）

九月二十三日

前郭旗ペスト防疫所長の加藤彰信（筆者注：正司）君が来た。

彼は一族郎党七十名を率いて、命からがら逃げ出し、鉄嶺迄行ったが新京に引返し、光熙《こうき》街《がい》で、丁度空いていた満鉄下級社員の社宅に入り、小診療所を開いたが、此頃はどうやら皆食えるようになったという。（略）

十一月二十二日

川上、加藤の両氏と室町小学校の難民収容所を見た。

終戦と同時に、毎日々々何千と言う避難民が新京に雪崩れ込んで来た。この人々を一先ず旧附属地の室町小学校に収容し、更に西陽、緑園、大房身にあった、掠奪で荒廃した軍官舎を修理して、逐次送り込んだのであった。

室町小学校には、多い時は二千名、少ない時でも千二、三百名位いの難民が収容されていた。本隊が、いわゆる難民地区に移動しても、病気のため動けないで、そのまま居残って了った者もあるし、又繁華街の中心で、ここにいた方が生活に都合がよいので、そのまま居付いて動かない者もある。

ここには民会の連絡事務所があり、本部から送られて来る、救援物資の受入れ配給、支那官憲との連絡等に当っていた。ところが、ここの係員の中には、支那官憲とグルになり、物

Japan Medical Journal
日本醫事新報
No. 2966　昭和56年(1981年)2月28日　週刊
特集「臨床医学の展望
―診断および治療上の進歩―」(4)
MEDICAL・ESSAYS
グラフ
時論
ニュース
一週一話
基礎医学から
質疑応答

伊吹皎三氏「新京敗戦記」が掲載された『日本醫事新報』

資の横流しやぴんはねをしているものがあるという噂だ。（略）

一言で云えば、この収容所は何の管理も行われておらず、不衛生と乱雑の限りを尽くしていたのであった。

一教室に、凡そ二、三十人の難民が入っていて、床の上に莚《むしろ》を敷いて震えながら寝ている者がある。その顔色は黄色にくすんで、栄養失調のため腫れている。その向こうには、莚を被って動かないものがいるので、隣の者に聞いて見ると、昨夜死んだらしいという返事だ。そんなことには無関係な数人の者は、儲けた金の分配と、これからの計画などを話している。誰も人の世話などしようとはしない。自分のことで手一杯なわけだ。

部屋の真中に小さい鉄板のストーブが一個置いてあって、物干竿位いの細い煙突が申訳けに窓から外に出してある。室温は氷点下十度以下で、全然燃えないストーブの囲りに、比較的元気なものが陣取っていて、ぽりぽりと何かを噛っていた。

一日に、茶碗二、三杯の高粱粥が配給されるだけだと云う。何度聞いても間違いはないと云っていた。勿論皆着た切り雀で寒さに震えていた。廊下は、凍った大小便でうず高くなって、異臭を放っている。

眩いばかりの日本婦人の着物を肩にかけた支那人の人買いが、収容所の中をうろうろしていて、目ぼしい女があれば、欺されるか、買われて行くか、適当に連れ去られて行くかであるが、男達は全く無抵抗で虚無的で見ないふりをしており、事務所は一切我れ関せずである。

ここでは、毎日十数名の人間が死んで行く。教室の一つを屍体安置室にして、屍体がごろごろ置いてあった。まさにこの世の地獄とはこういうところを云うのだろう。

一歩外に出れば、東一条通りには屋台が四列に並び、食料品をはじめ珍しい商品がぎっしり並べられ、雑踏の中で支那人がソ連の兵隊を相手に「シェンゴー、シェンゴー」と叫んでいる。余りに不均衡な様相に、地理と時間の感覚が狂って了った。

現地を逃げ出してから今日迄、着のみ着のままで、汗と垢に汚れきっている難民の間には、発疹チフスが猛烈な勢いで流行している。風邪気味で寝ていると云えば、先ず発疹チフスと考えて間違いはなかった。それに、栄養が衰えているので予後が非常に悪く、全く手の施しようもない姿であった。

北安省立病院の一行が中央診療所と看板を出していたので立寄って見た。過半数の職員が発疹チフスで倒れており、岩間は既に死亡していた。

室町収容所を中心として、今や発疹チフスは、全市に猛威をふるっている。今日は、ペスト防疫のエキスパート加藤君（筆者注：筆者父の加藤正司、以下同じ）を引張り出し、如何にしてこの防疫をやったらよいか相談に乗ってもらったわけであった。

八路軍と称し、或は公安隊と称する者がしばしば保健住宅に侵入し布団等を強要している。

支那のごろつきらしいが、どうにも手の打ちようがない。終いには二千五百円を要求して来た。仕方がないので、各戸割り勘で出した。

ソ連の進撃と同時に、和順、寛城等旧城内に近い工業地帯に住む日本人は、暴民の襲撃や焼打ちに逢い、多数の死傷者を出して新市街地に避難して来たが、これ等の人々は、旧附属地である敷島地区のビルや事務所に収容され、その後、夫々知人を頼りに一先ず納まった。一方、北満や東満からの避難民は、途中略奪やひどい迫害に逢い、親子ちりぢりになり、多数の行方不明者や死者を出し、着のみ着のまま、ひどいものは、衣類を剝がれ、麻袋をくり抜いて手足と頭を出し、運動会の達磨の姿で、四十日も歩き続けて来たものもあった。これ等の人々は、一先ず室町収容所に収容し、次いで緑園、大房身地区に送り込んだ。

ソ連軍が市内に進駐してからは、所々方々で住居の立退きが繰り展げられ、居住者は市内の縁故知友を頼って移動したので、甚だしい過密住の状態になり、麻疹や発疹チフスの大流行になったのである。

このような大混乱の中で、正確な人口を把握することは不可能であるが、民会が行った数回の調査によると、新京の人口は一九万から二〇万という数字を示している。戦前の新京の日本人人口は一〇万であったから、倍に殖えており、その内三九%は救済を要する人々であった。

民会では、日本に引揚げてから支払うという約束で、隣組を通じて各戸から金を集め、救済連絡その他一切のいわば行政費を賄っていたのであった。（略）

十一月二十六日

（略）加藤と一緒に市の防疫所長の温乃即君を訪ねた。あのぼやぼやしていた温君が、戦勝国の市の立場から我々を監督し、区処することになった。加藤は巧みに話を運んで行った。ペストのことでは温君も加藤には何目も置いているので、都合がよかった。室町収容所の防疫を一日も早く徹底的にやってくれ、という註文だった。此方で不足している防疫資材（噴霧器など）を借りる約束をして別れた。（略）

十二月三日

「室町小学校の発疹チフスが、全市流行の根源になっているので、この収容所を閉鎖すべし」というソ連の命令である、と市政府から伝えて来た。何という非常なことを云うものだろう。今ここを閉鎖されては、難民の処理が全く出来なくなる。

今全力を挙げて防疫をやっている最中だから、もうしばらく待ってくれ、と懇請した。室町の防疫には、前郭旗ペスト防疫所で加藤の部下であった宮崎三郎以下十名の防疫のエキスパートが、先日来必死の努力をしている。

先ず、健康な者と病者を別々の部屋に分離した。次に健康な者と全居室の消毒を始めた。屍体室の屍体は全部取片付けて埋葬した。煉瓦のかまどを三つ造り、五右衛門風呂の釜を据えつけた。一方では薪を買い集めた。部屋毎に順々に男女の別なく全部髪を刈ってやった。乾燥室を一つ造り、汚れた着物は全部脱がせ、五右衛門風呂で煮沸消毒し乾燥機で乾かす。予め着換えを民会に工面させておき順々に着換えさせた。

気温は既に氷点下二十三、四度になっているので、何れの作業も並大抵ではない。女の頭を刈れば、かさぶたのように虱《しらみ》が重なり合っていてブツブツ音を立てている。部屋の掃除には物凄い埃が舞上るので、防疫班はマスクで防衛しながら慎重に立ち働かなければならない。無気力になっている難民を督励して身の回りの清潔整頓をさせた。毎日々々この作業が繰返されている。(略)

十二月十五日

(略)室町収容所の防疫工作大分進み、最近は殆んど発疹チフスの発生が見られなくなった。防疫斑の活動のお蔭で環境もすっかり整備され、難民の顔にもどうやら生気が蘇り、笑いが

見られるようになった。表面的救済よりも、健康管理の重要性がようやく認識された。（略）

十二月二十四日

加藤君も熱が高く、寝込んでしまい、容態を聞くと、どうも発疹チフスではないかと思われた。（略）

十二月二十八日

（略）加藤の病状は重い。打つ手が一手ずつ遅れているようにしか思われない。（略）

昭和二十一年一月三日

今朝二時、加藤君は発疹チフスのため、とうとう死んで了った。治療が後手後手と廻ったような気がしてならない。まことに残念なことをした。室町防疫所の防疫に、無理に引張り出した私に責任があったのではないか。狭い家に安置された仏前に、三人の小さい子供を抱いて座っている奥さんに対し、まことに申訳もなく、慰める言葉もない。あっと云う間に、冗談のように人命が失われて行く。

焼香してから市政府に行き、西陽保健院を廻って帰った。

一月四日
加藤の家で、ささやかな民会葬があった。侘しいものだった。
（「新京敗戦記」、『日本医事新報』一九八一年二月二十八日〜六月二十日）

終戦後の私のメモ帳にある。加藤君に関係する分を見ると。

「昭和二十年九月二十三日、加藤君来たり飲む、夜二回にわたり、鶏小舎に、いたちの襲撃あり。ひな鳥四羽やられる。」

此頃、加藤君は、手塩にかけて造り上げた前郭旗のペスト防疫所を、全職員家族六十名と一緒に逃れて、洪熙街近くの満鉄社宅跡に入り、自分は、診療所を開いて、皆を養って居たのだ。いつも楽天的で、しかも、注意深い態度で、一族の柱となって、どうやら、新京の生活も、安定を得つつあった時であった。

「十一月二十二日、川上、加藤両氏と室町小学校を見る。言語に絶する有様なり、中央診療所を見る、八路軍保健住宅に侵入。」

「十月頃から発疹チフスが蔓延し、特に北満東満からの避難民の足溜まりである。室町小学校には、常に、千名位いの難民と、三百名位いの病弱者が、停滞していた。

市政府を通じ、ソ連から、日本人会に、速に此の対策をたて、防疫を行わないならば、直ちに、同所の閉鎖を命ずる、との通告を受けた。当時、川上さんは、日本人会内にあって、全くてんてこ舞い、孤軍奮闘、此の対策に忙殺されて居た。

私は加藤君を口説いた。何とか此の日本人の生死に関する重大なときに、貴君一族の安全もさることながら、全体のため、多年の経験を生かし、防疫に一肌脱いでもらいたいと。そして、室町収容所を見ることになったのである。彼はもって生まれた気性で、あの収容所を見ては、とても、黙っていられなかったのだろう、彼の右腕である宮崎三郎君以下を引連れて、早速、此処の防疫に当ってくれた。

「十一月二十六日、加藤君と市の防疫所に行く（所長温君）。本日民会内に保健所が出来る。所長川上六馬」

加藤君には防疫班長をやってもらうことになった。

「十二月一日、加藤君と一緒に防疫所長温君に会い、伝染病対策について話す。川上氏と西陽地区を見る。」

「十二月五日、加藤君と陸軍病院を見に行く。」

「何か防疫上役に立つものでも、此の荒れ果てた廃墟に残っていないかとの望みもあったが無駄であった。」

「十二月十六日、連絡将校と話す。室町は整理少し進み、生気出て来る。」(略)

この様な場所の防疫である。燃料の不足甚だしい中で、釜を二つ据え付け、湯を沸かして、一人々々、すっかりしらみの巣になっている着物を交換させて、熱湯消毒して乾し、一部屋毎に片付けて行くのであるから並大抵の苦労ではなく、凡そ一ヶ月を要したのは当然であった。

「十二月十八日、川上氏熱高し、発疹チフスである。」

川上さんも遂に発疹チフスで倒れて了った。

「十二月二十四日、此頃、GPU、しばしば民会に人を捜しに来る。津野尾君と室町を見に行く。敗戦の形相はだんだん凄く、深刻になって来た。カバンをすられる。加藤君も熱高く、川上氏さかんにうわ言をいっている。」

加藤君も、この防疫中にとうとう発疹チフスに冒されて了った。

「十二月三十日、加藤君、発疹チフス症状重し、安民病院を見て廻り、川上さんに立寄る。」

こうして、私は、三人前の仕事を引受けなければならなかった。

此頃、民会には、毎日、GPUが、元官吏を戦犯として探しに来る。市政府は防疫のことでジャンジャンいいたいことをいってくる。

思い乍らも、仲々、病床の加藤君を、しげしげと見舞うことは出来なかった。何か、治療が常に病状を追いかけていて、一手づつ遅れて行ったように思われる。川上さんは幸い、どうやら峠を越したらしい。

「二月三日、朝二時、加藤君遂に此の世を去る。残念である。」

「二月四日、民会葬という名で、自宅で、ささやかな会葬を終えた。」

何ということだろう。全く、新京二十万日本人のためペストのエキスパート加藤は、その全生活を賭けて了ったのだ。何の報いもなく。川上さんは、二月二十三日から再び、難民の救済に働くことが出来るようになったのは何よりであった。

七月八日、大房身の第一隊から、内地送還が開始された。七月十七日、白菊難民にコレラが発生した。この防疫は又、筆舌に尽せない混乱と困難があった。この時、主動力となって活動してくれた加藤君の部下の、宮崎三郎君が、如何なる神のいたづらか、八月八日コレラに感染し、殉職して了ったのである。かくて、前郭旗のペスト防疫所の幹部二人は、新京防疫の尊い犠牲となって了った。謹んで哀悼の意を捧げる。

加藤満子夫人は、三人の男子を抱えて、故郷宮城県に帰ったが荒んだ人情の中で、その御苦労は並大抵のものではなかった。幸い仙台に令弟がおられたので、榴ヶ岡小学校の事務員として勤務され、遠い道をか弱い子供の世話をし乍ら、全く風雨にめげず、悪戦苦闘されて今日に及んでいる。

（略）苦しみは、未だ未だ終るとは思えない。自己一身の安全と、名利のためにうごめいたのではない、此の尊い犠牲になった人の御冥福を祈ると共に、果ない世の中を深く感じるのである。

（『大同会』創刊号、一九五九年〔昭和三十四年〕）

引揚げ船中の惨状

酷寒の冬を越して一九四六年（昭和二十一年）七月二十日、南新京駅を出発、引揚船に乗るため、遂に葫蘆島《ころとう》駅に辿り着いた。その後、出帆を待つため、その間駅の近くの馬小屋に収容された。三十一日、引揚げ船・乗船が決まり、熱暑の道を着膨れて目いっぱいに荷物を手に持ち、背負い、港まで大勢で長い距離をぞろぞろ歩いた。突然眼前に巨大な緑色が現れ、大変驚いた覚えがある。それは私が初めて見た海、葫蘆島港だった。

米軍上陸用船艇で運ばれ、やっと引揚げの貨物船に乗り込み、長崎の佐世保に向けて出帆。同年八月二十五日に佐世保・浦頭港で下船、故国に上陸した。玄界灘を越えれば本来一週間程度で着くはずが、二十六日間も船内に閉じ込められ、真夏の佐世保の沖合停泊を余儀なくされた。船内に感染症・コレラが発生したためである。

船中生活は大変であった。乗船してホッとしたのも束の間、引揚げ船の中は地獄の苦しみだったと母は後年度々述懐していた。驚いたのは甲板の昇降口（ハッチ）から見えた怖ろしく深い貨物船の船底。目が回る高さ・深さ。そこを吊り橋の様な揺れる一本の綱梯子を四つん這いに伝って昇降する。この船では分からなかったが、後日知ったが、他船では転落死する者が少なくなかったという。

非常に蒸し暑く蒸気機関の音が煩《うるさ》い船底生活。家族ごとに所狭しと割り当てられた仕切りのないスペース。隣の家族に私たち子供が煩いと苦情を言われる気遣いの日々。

便所は、甲板の舷側に張り出された仮設の板囲いで、中は汚物塗れで足の踏み場もない。床も薄い板張りで、真中に繰り抜かれた穴があって下は数十メートルもあると思われる深く青黒い海面が覗いている。用便の時は生きた心地がしなかった。

嫌だったのは、毎日全員が火傷しそうに熱い甲板に行列し、坐って居並ぶ検査官の前に一人ずつ尻を捲って出し、体温計型の検査機を尻穴に差し込まれる検便である。母たちが嫌がったのは無理もない。

死者が出る都度、遺体のこめかみに焚かれた線香が供えられ、海葬のためにボートが横付けされ、棺が吊り降ろされて海の彼方に運ばれて行く。

食事は玄米で船員の横流しが噂された著しい食糧不足。一家に支給された僅かな玄米飯を私たち三人兄弟は我慢して少ししか食べず残りを母に食べさせ、妹に母乳が出る様にと必死だった。妹は、生まれたとき母の具合が悪く母乳が出なかったため、南新京滞在中、他所の奥さんから貰っていたが、その家族が生憎結核の初感染を患っていたため妹も感染、栄養失調もあり衰弱していた。病人は乗船できないので、母は乗船時、妹の顔を懐に半分以上隠して何とか乗せることができた。

猛暑の船底生活は余りに耐え難い。妹に涼をとらせるため、私は毎日早朝一人で梯子を伝って甲板へ出て、適当な日陰の涼しい場所を探し、そこに持参した縞模様の茶色の木綿の大風呂敷（縦横約一・五m）をテント代わりに張った。

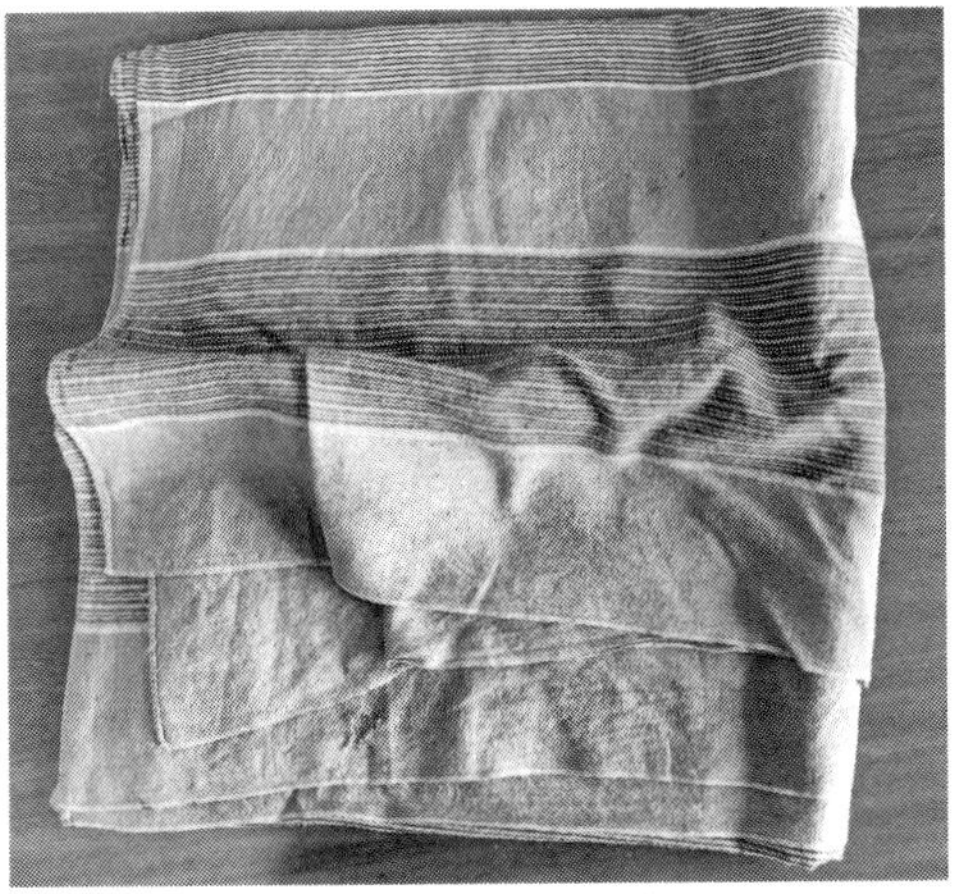

妹の命を繋いだ風呂敷

引揚船中、暑熱の甲板に筆者（当時5歳）が連日テント代わりに張って涼を取り、生後10ヶ月の妹の命を繋いだ（1946年8月）。その後も生涯母が使っていた大風呂敷を生前筆者に遺した（約140cm × 130cm）。

母と弟妹を迎えに行って連れ出してそこで日中を過ごした。その大風呂敷はその後も使い古し、母が死ぬ前に私に形見として遺したので、現在私の手元にある。船中生活が長引き、母は栄養不良で背中の痒みに耐えられず、私は母に頼まれるがままに毎夜夜通し小さな手で掻き続けた。終いには眠りながら朝まで掻き続けていたそうで、後年母は私の手を「神の手」かと思ったと

筆者の引揚げ者名札（袋）
1946年7月

話した。

八月二十五日にようやく許可されて佐世保・浦頭港に入港・下船、妹など病人を抱える家族は、丘の上病院を経て国立大村病院に収容された。妹は栄養失調で骨と皮ばかりに痩せ細り、寝たきりで目だけギョロギョロさせて私たちを眼で追い回していた。三ヶ月後ようやく退院、東京の父の実家に向かったが、一九四六年（昭和二十一年）十二月、衰弱した妹は当時の食糧難もあり栄養不良のため東京で死亡した。

なお、大村病院に入院中、私たちの引揚げを知って、仙台の鈴木俊次叔父（母の実弟）、名古屋の従弟の西堀節三（母の甥）が、食料とお金を持参してはるばる病院を訪ねてくれた。しかし、患者である妹の名前で入院していたため、その名を知らなかった彼等は、草の根を分けても探すと頑張ってくれたが、遂に探せず、空しく帰ったことを後日知った。大変ありがたく今でも申し訳なく思っている。その後、人伝に母の消息が分かった叔父たちは再度病院を訪ねて私達を探し当て、会うことができた。

なお、厚生労働省保管の佐世保引揚援護局の「引揚者名簿」によれば、私たちが乗った引揚貨物船名は、「メリー・イーキンネー号　V92丸」で、出港地は胡蘆島、上陸年月日は、昭和二十一年八月二十五日。乗船人員（乗船時）二、四七五名であったが、下船時二、四五七名と朱筆・検印されている。この差分の十八名が、船中コレラ等で亡くなったものと推定される。

妹、悦子の戸籍作り

妹の悦子は一九四五年十月五日、引揚最中の満洲・新京で生まれた。しかし、敗戦・満洲国崩壊・引揚げの混乱の中、出生届は出す先もなく、生後約三ヶ月後には新京で父も死亡。出生届を出すどころではなかった。そして引揚げ後の一九四六年十二月一日に東京の実家（父の養父先）で死亡、一歳一ヶ月の命であった。出生届がなければ無論戸籍もなく、従って死亡届も提出できないまま時が過ぎた。そのことを晩年母がとても心残りにしていることを知った私は、どうすれば今から遡って出生届を出せるか、戸籍を作れるか、つまり確たる出生の証拠（書面）はあるかと大いに悩んだものである。法務局に相談したところ「国民一人を生み出す（作る）事は容易なことではない」と冷たく言われたこともあった。当然である。

その頃、たまたま戦後ベストセラーになった藤原てい氏著『流れる星は生きている』を読む機会があった。藤原氏は、突然の敗戦で乳飲み子を含む三人の子供を抱え、母子四人で満洲から朝鮮を経て、壮絶極まりない引揚げを敢行したのである。そして著書の最後に同氏は佐世保上陸の

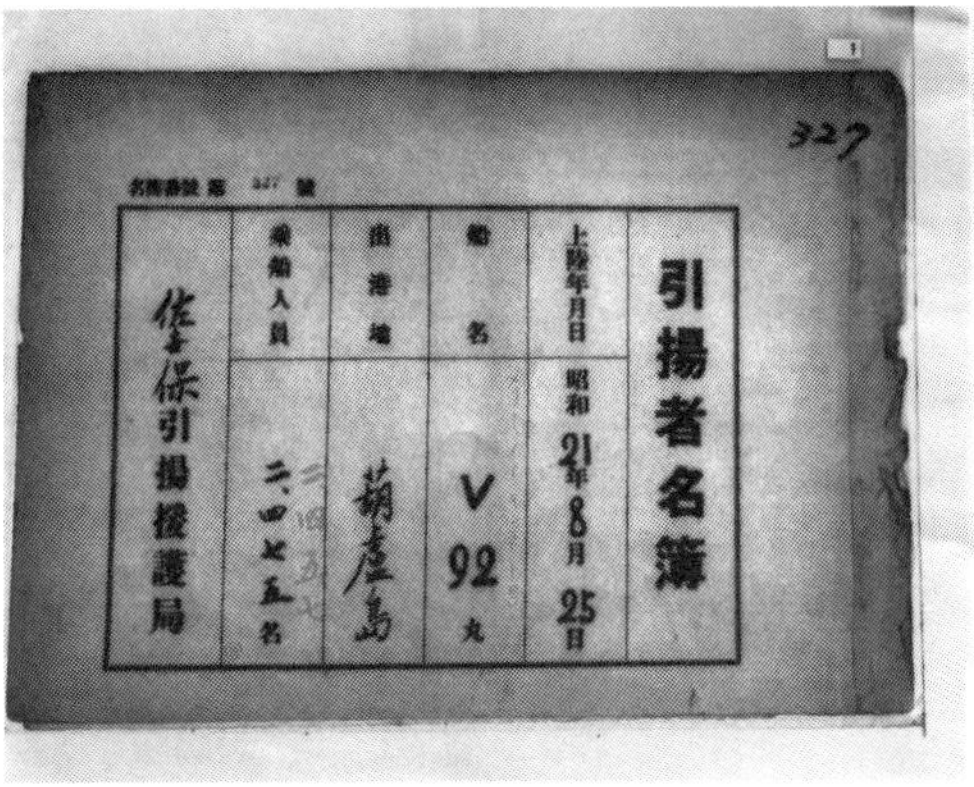

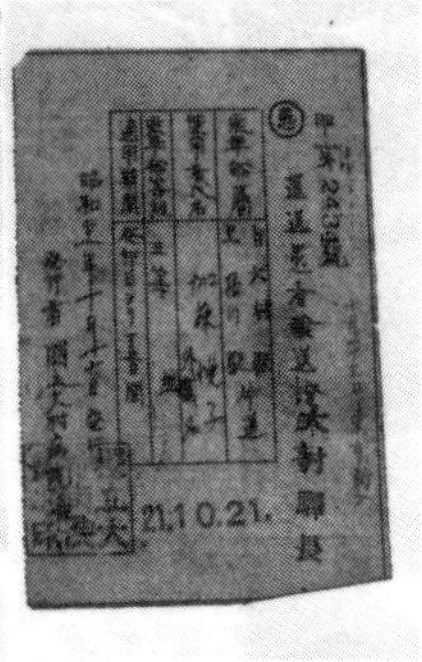

引揚者名簿（佐世保引揚援護局）、環送患者輸送證明書

際、乗船者名簿（船内で作成され、上陸地の佐世保引揚援護局に提出された）の存在に触れていた。筆者の身体に電撃が走り、その場で電話で厚生労働省に調査を依頼。数日を経て悦子が間違いなく佐世保引揚援護局の引揚者名簿に記載があるとの報告を受け、間もなくその書類を入手したのである。また、引揚げ後、衰弱していた妹は佐世保に近い国立大村病院に入院していたが、約二ヶ月後に退院。昭和二十一年十月十六日、「使用者氏名　加藤悦子（他三名　三等）」と記載された国立大村病院長発行の大村駅から東京の品川駅までの「環送患者輸送證明書」（昭和二十一年十月二十一日付　大村駅長印）も見付かった。

更に兄（精也《きよなり》）と弟（紘捷《ひろかつ》）が情報を収集した。引揚げ中に私たちと同じ新京の満鉄宿舎に住み、悦子が誕生したことを良く知る元吉林省防疫所の職員・家族（石川たゑ子氏）の証言。父の墓所がある東京杉並の堀の内妙法寺の「檀家台帳」の記録等傍証も出揃った。正式な手続きは弟が全てやってくれた。即ち、弟が出生届と死亡届を所沢法務局・所沢市に提出、遂に認められ、悦子は東京都多摩市の母の戸籍に編入された。平成十九年（二〇〇七年）三月七日に受理された戸籍謄本上の出生地は中国吉林省長春市と記載されていた。生後六二年を経て母の戸籍に登録されたのは、母が亡くなる二年前だった。報告した時の、母の安堵の表情が忘れられない。兄弟で喜び合ったが、母の生前に間に合って本当に良かった。

なお、引揚げ中もその後も必死で生きてきた妹、生かしてきた母だったが、生後初感染に罹り、栄養不良もあり、衰弱したまま死亡した。男の子三人に加え、弱り果てた妹をこれ以上育てることは無理と母が諦めたその翌朝亡くなっていたとのこと。赤子なりに敏感に何かを感じ取ったのであろう。私が朝起きると、妹は北枕で寝かされ、着物を上下逆さまにかけられ、横に母が木箱の上に線香を立てて黙って座っていた。亡くなる間際、妹は、母の手を二〜三回キュッキュッと握って別れの挨拶を告げたという。「お母さんありがとう、さようなら」と言いたかったのであろう。

その後、間もなく私たちは東京を去り、母の郷里仙台へ向かった。母の覚悟を決めての再出発であった。

II

ブラジルと生きる——父の志を継いで

満洲からブラジルへ

本章では、筆者がほとんど全生涯を賭けたブラジル（以下、「伯」と略す場合もある）への思い、日本との関係を綴りたい。

満洲移民とブラジル移民

巷間、満洲移民が「軍事的移民」、ブラジル移民が「経済的移民」と言われるが、どちらも敗戦で大変な苦境に置かれた。

満洲国は崩壊して邦人は引揚げを余儀なくされ、ブラジルの日本移民は戦時中、敵性国民として扱われた。ブラジルでは邦人は財産没収、立ち退き、強制収容されるなどの人権侵害に遭った。ブラジル政府は二〇二四年七月、公式に謝罪している。

ブラジルを引き揚げるには日本は遠すぎて船便もなく、船賃もなく、祖国の財産は処分して移住してきているので、祖国に帰る術がなかった。日本移民は移住して一旗揚げ、故郷に錦を飾ることを夢に描いていたが、敗戦でそれが不可能となったため方針を変え、ブラジルで生きて行くことに考えや気持ちを切り替え、ついては子弟に高等教育を施し大学に入れて社会に進出させることに決めた。

そこで篤志家が資金を募ってサンパウロに学生寮（本書二二二ページで言及した「アルモニア学園」の前身）を作ってサンパウロ州立大学（日本の東大に匹敵すると言われる）等に入学・卒業させて、社会進出を果たさせ、それが奏功して今日の日系社会を築き上げ、成功に導いた。

その代わり、子弟は故郷の移住地を離れ、混血化も進み、日系社会の結束が緩んだことは止むを得ない。移民は農業を中心に商業・技術分野の移民であったが、いずれも志高く、進取の精神に富む者が多く、日本人特有の精神で努力し成功を収めた者が多く、日系人が現地で大きな信頼を勝ち得ていった。

早稲田大学海外移住研究会

筆者は一九六〇年宮城県立仙台第一高等学校を卒業し、同年早稲田大学第一法学部に入学した。入学した時、あの「六〇年安保闘争」（日米安保条約改定締結に反対する左翼の反政府、反米運動とそれに伴う大規模デモ）に巻き込まれた。同条約は六〇年六月十九日に自然成立。多くの学生が絶望感に打ちひしがれたのである。

左から近藤博之氏、田中秀幸氏、筆者、尾中弘孝氏
2012 年 9 月、ラーモスにて

当時早稲田大学内に「早稲田大学海外移住研究会」というクラブがあり、縁あって筆者も同安保闘争後、同研究会に所属、当時の国策（外務省所管）であった海外移住啓蒙活動に携わることになった。

このクラブの設立経緯としては、何度か述べたとおり、かつて早稲田大学創設者の大隈重信侯（元内閣総理大臣）が、愛弟子の西野《にしの》入徳《いりいさお》氏（後、同大政経学部教授）を米国に留学させ、帰朝後学内に同研究会を創設し、同氏を顧問に迎えた。大隈総長を始めとする明治の偉勲は、先見の明があり「日本は単一民族かつ農耕民族で多様性を欠き、ひ弱なところがある。欧米をはじめとする獰猛かつ狡猾な狩猟民族にいつかしてやられて、滅びる恐れがある」と論じ、〝海外に日本を作れ〟という思考を持って、学生に発破をかけた。

その影響を受けて、先輩の近藤博之氏は

JICA開発の日系移住地ラーモス（サンタカタリーナ州クリチバーノス市に現存、今も日本語・日本文化を守り発展を続けている）へ、筆者はブラジルのサンパウロへ、その他多くの学生が卒業と同時に先兵として南米に渡ったのである。

同研究会は当時全国の大学（約八十大学）で構成する日本学生海外移住連盟の傘下にあった。筆者は大学卒業と同時に一九六四年、商業移民（サンパウロの日系銀行「南米銀行」入行）となってブラジルに渡ったのである。

経済大国・親日国ブラジルの誕生

ブラジルは今やBRICS（ブリックス）の一角を占める経済大国であり、グローバルサウス（南半球に多い、新興国・途上国）の、そして国連加盟ラテンアメリカ三三ヶ国の盟主と称される大国である。

日本とブラジルは、地理的には互いに地球の反対側に位置する。ブラジルは日本に比べ、国土の面積は約二二・五倍、人口は二・一億人、資源（鉄鉱石、銅、ニッケル）が豊富な資源大国で、平和で自由の国である。

親日国である最大の所以は、一九〇八年に日本人七八一人が移民船「笠戸丸《かさとまる》」で移民としてブラジルに渡ったことによる。この日本移民・日系人がブラジルで農業を始めとする多大な社会貢

郵便はがき

料金受取人払郵便

牛込局承認

6012

差出有効期間
令和8年5月
1日まで

162-8790

東京都新宿区
早稲田鶴巻町五二三番地

株式会社 藤原書店 行

（受取人）

ご購入ありがとうございました。このカードは小社の今後の刊行計画および新刊等のご案内の資料といたします。ご記入のうえ、ご投函ください。

お名前	年齢
ご住所 〒 TEL　　E-mail	
ご職業（または学校・学年、できるだけくわしくお書き下さい）	
所属グループ・団体名	連絡先
本書をお買い求めの書店 市区郡町　　書店	■新刊案内のご希望 □ある □ない ■図書目録のご希望 □ある □ない ■小社主催の催し物案内のご希望 □ある □ない

書名

読者カード

●本書のご感想および今後の出版へのご意見・ご希望など、お書きください。
（小社PR誌『機』「読者の声」欄及びホームページに掲載させて戴く場合もございます。）

■本書をお求めの動機。広告・書評には新聞・雑誌名もお書き添えください。
□店頭でみて　□広告　□書評・紹介記事　□その他
□小社の案内で　（　）（　）（　）

■ご購読の新聞・雑誌名

■小社の出版案内を送って欲しい友人・知人のお名前・ご住所

お名前

ご住所 〒

□購入申込書（小社刊行物のご注文にご利用ください。その際書店名を必ずご記入ください。）

書名　冊	書名　冊
書名　冊	書名　冊

ご指定書店名

住所

都道府県　市区郡町

献（政治、経済、学術、医療など）を成し遂げたことで、日本に対する信頼度を非常に高めた。

以下は、日本人の海外移住に関するＪＩＣＡ横浜海外移住資料館のホームページの「はじめに」からの引用である。


「日本人の海外移住は、一八六六年に海外渡航禁止令（鎖国令）が解かれてから、すでに一五〇年以上の歴史があります。ハワイ王国におけるサトウキビ・プランテーションでの就労に始まって、アメリカ合衆国、カナダといった北米への移住、そしてその後一八九九年にはペルー、一九〇八年にはブラジルへと日本人が渡ります。そして、一九二四年にアメリカで日本人の入国が禁止されると、大きな流れが北米から南米へと移っていきます。その結果、第二次世界大戦前には約七七万人、大戦後には約二六万人が移住しています。

その結果、現在は全世界に三八〇万人以上（二〇二一年）の海外移住者や日系人がおり、そのうち二二〇万人以上が中南米諸国に在住していると推定されています。

また、かつて日本人が移住した国々から、その子孫である日系人とその家族を含めて約二一万人（二〇一七年）が、就労や勉学の目的で来日し、日本で生活しています。こうした経緯から、日本人の海外移住の歴史、そして移住者とその子孫である日系人について、広く一般の方々（とくに若い世代）に理解を深めてもらうことを目的として、海外移住資料館が開設されることになりました。

当資料館は、海外移住の起点となったハワイを含む北米と、ＪＩＣＡが戦後、移住事業の一翼を担った中南米の国々を主たる対象とし、海外移住に関する歴史的な資料を展示しています。」

一　私の歩み

満洲での幼少期〜仙台での高校時代

幼少期——満洲で生まれ、引揚げる

幼い頃から頑固で負けず嫌い。どちらかと言えば正義感が強く、弱い者に味方する反骨精神があったように思う。

私にはそれぞれ二歳違いの兄と弟がいるが、父は、母に対し「仁紀《よしのり》（筆者）は、おちんちんが大きいから、この子を頼りにしていくと良い」と言ったとのこと。そのせいかはともかく、母は父の死後、私を頼りにし、私と心を通わせて懸命に生きてきた自負が、私にはある。

引揚げ中は、必死だった。新京（満洲国首都、現長春市）からたくさんの引揚者を乗せた無蓋列車で酷寒の冬をすごすため南下したが、列車の運行はままならず、右往左往の約二週間。お腹を壊す人、出産する人が出るなど皆が苦しんだ。数時間ごとに用便のために停車、原っぱのなかで用を足す。水も容易に手に入らず、用心のため最小限度しか飲まず、排便も我慢する。その癖がついて筆者は成人後も余り水分も摂らず、汗もかかず、便秘がちな体質となってしまった。
列車で立ち往生の身となったが、結局新京に舞い戻り、幸い父の伝手で空き家となっていた南新京の旧満鉄宿舎に落ち着いた。筆者はストレスで陰嚢が膨らみ、父に負ぶさって父の知り合いの中国人の内科医院に連れて行かれ、注射を打たれた記憶がある。

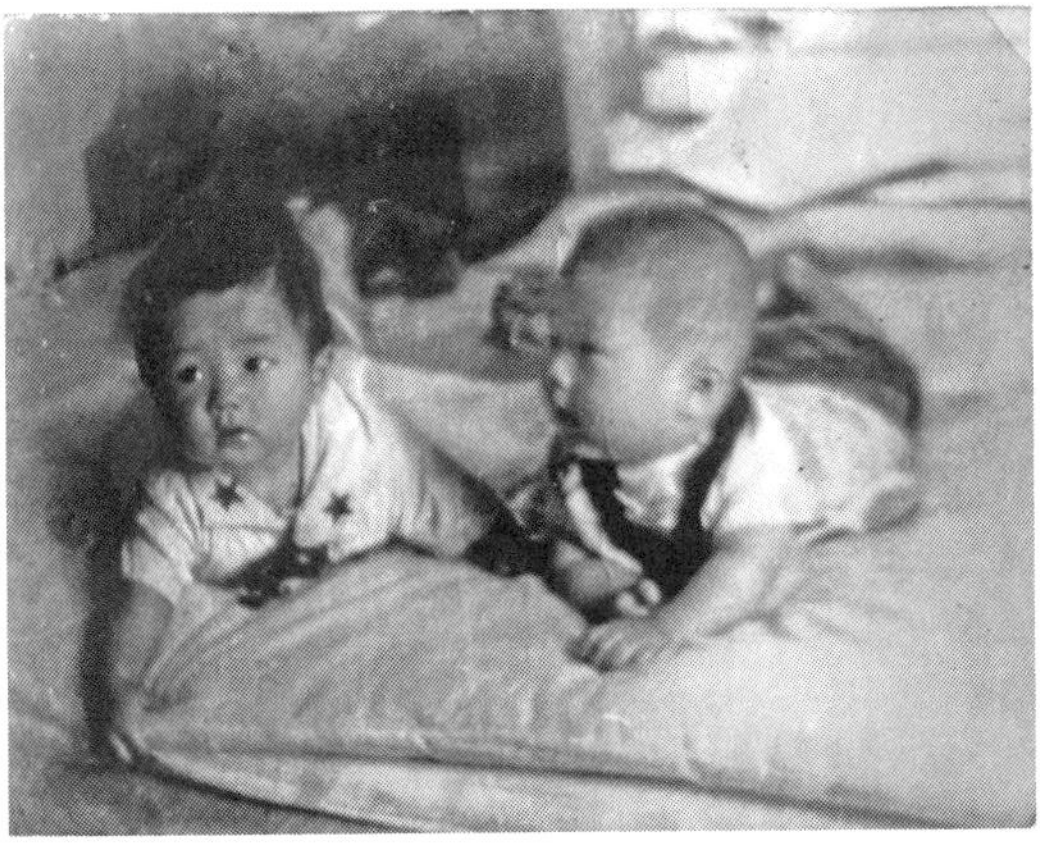
生後半年のころ（左側が筆者）

その後、しばらくして父が死去。引揚げ船に乗るまでの約半年間、同宿舎に住んでいたが、昼間はソ連兵が家に入って来て金品を物色・略奪、女性を狙った。夜は中国の暴民・盗人が襲って来る。その都度、警戒警報の鐘と太鼓がガンガン叩かれるという、恐怖と緊張の日々であった。

一九四六年七月末、母・兄・弟・妹と五人で、葫《こ》蘆《ろ》島《とう》港より引揚げ船に乗り、同年八月二十五日に長崎県佐世保《させぼ》・浦頭《うらがしら》港に上陸、故国の土を踏み、父の実家（養父のいる）東京に向かった。

仙台で小学校入学——母子寮に住む

一九四六年（昭和二十一年）十二月一日、東京で妹を栄養失調で亡くし、翌一九四七年（昭和二十二年）一月末、母の故郷、仙台に引っ越した。四月三日、郊外に市の更生寮（一部が母子寮）を見付けてもらい、一家で落ち着く。それまでの間は、母の上の弟、鈴木俊次叔父宅（西堀薬局）に厄介になった。小学校から高校卒業までを仙台で過ごしたが、母の三人の弟（鈴木俊次、西堀正生・俊男、甥の西堀節三）が終始母を強く支えてくれた。

小学校入学時、筆者は、俊次叔父宅から通うことになり、四月二日に仙台市立東六番町小学校で入学式を迎えた。同叔父の次男（従弟の克彦ちゃん）と同年で同じクラスになって、一緒に式を終え、翌日から通学することになった。ところが、帰宅すると母子寮が見付かったため、その日のうちに引っ越しが決まり、借りた一台のリヤカーでわずかな荷物を新居に運んだ。

更生寮は戦時中の弾薬庫跡で、八棟の天井の高い建物があり、内二棟が母子寮だった。各棟は、高さ約十m、厚さ五十cm位の頑丈なコンクリートの塀で仕切られていた。寮の入り口を入ると、薄暗い天井高くから二つの裸電灯が垂れ下がっていた。家は左右に七軒ずつ、計十四世帯が入居。私たち家族は第二寮の入口を入って、共同炊事場を通り抜けて、すぐ右手の一軒目の一号室。室内は六畳一間だったが、家具等はほとんどなかったので、広さは十分であった。草ぼうぼうの庭

仙台市郊外の更生寮（母子寮）

8棟の内2棟が母子寮。弾薬庫跡で、各棟間に約10mの高さの分厚いコンクリート塀があった（写真は3～4年後、約2.5mの高さに壊されたもの）。正面・第2寮の入口を入ると共同炊事場、その奥右手の1号室（6畳一間）に、1946年4月から約7年間入居（1967年頃筆者撮影）

もあった。

当日の最初の食事は、戸外で小さなミカン箱を食卓代わりにし、木の枝を折って箸代わりにして、薪《まき》で炊いた御飯に塩をかけて食べた。新京引揚げ後初めての親子水入らずで、家族全員の顔に安堵感が漂ったことを覚えている。

翌日（四月三日）から、通学する私の小学校は学区が変わったため、北六番町小学校に変更となった。初めての通学で兄や近所の子供たちと十人位で登校したが、下校時一人で帰ることができるか非常に心配しながら、何度も後ろを振り返りつつ道を確かめ確かめ登校した。

学校に着いて教室に入ったところ、銘々の名札が貼られた机があったが、筆者の分はなかったので困惑し、動揺した。当時は分からなかったが、たった一日ではあったが「転校生」のため、手続きが間に合わなかったらしい。教室内は幼稚園からの持ち上がりで、生徒の多くは互いに顔見知りで戯れ合っていた。私は誰も知らず、一人ぼっちで身の置き場もなく、担任が来るのを待つしかなかった。その間も下校時の帰路が心配でならなかった。

やがて背の高い若い女性の担任が来て、私の机も用意され、授業が始まった。各自順番に前に出て教壇の上に立ち、自己紹介。その際、一人ずつ唄を披露することになった。筆者は歌ったことが無いし、曲も知らなかったので、自分の番が来たが、教壇の上に立ったまま、歌わず黙っていた。すると先生が「歌うまでそこに立っていなさい」と命じたため、授業の最後まで立たされていた。屈辱だった。心底腹が立った私は、以後二度と誰とも口を聞くまいと決心。以来一年間誰とも絶対に口を聞かずに過ごしたが、とても辛かった。

音楽が好き

秋ごろ学芸会があり、三つの教室の仕切りが外され、窓に暗幕が垂らされ、舞台がライトで照らされていた。出し物はクラスごとの斉唱だったが、何故か担任は直前に私に指揮者を命じた。「汽車、汽車、シュッポシュッポ……」と「花火」の二曲で、はじめて指揮棒を持たされ、タクトを揮ったが、上手く出来た。筆者は唄を良く知らなかったが、好きで、音楽の時間ははっきり声を出して歌っていたらしい。

二年生になってクラス替えがあり、担任も変わった。先生も多くの子供たちも私を知らない。子供心にもここで変身しなければならないし、出来ると思い、勇気を出して皆と交流する（口を聞く）ことを決心。私は、急に賑やかに振舞った。快感だった。新担任（女性）は、筆者が〝大人《おとな》しい子〟として前担任から引き継がれていたため、突然まるで違う子供に変身している私を見て驚いた。母が学校に呼び出され、私の学習態度が悪い、と厳しく注意された。母はその時

お世話になった仙台の鈴木俊次叔父（母満の弟）宅（西堀薬局）の2階床の間にて

前列左から母・満、弟紘捷、後列左から兄精也、筆者（小学生）。
後ろの肖像画は満の父、西堀喜三郎（近江商人・薬種問屋「小谷商店」大番頭）。その四男・鈴木俊次は後年、第5代宮城県薬剤師会会長・叙勲。孫・西堀節三は元三菱重工代表取締役として日本の航空機製造業界の発展に貢献した

のショックを生涯忘れず語っていた。

筆者は音楽が好きだった。小学五年生の頃、学校のハーモニカクラブに入っていた。ハーモニカは学校に五、六台しかなかったので、五、六人の生徒だけが会員だった。ある時、学年の発表会があると言うので、最後の練習に励んでいた。その練習がいつの間にか録音されていて、後日NHKでラジオ放送されると聞いた時は驚いた。約一ヶ月後に放送される日時（平日の夕方、五時半頃）が分かり、その日が待ち遠しくてならなかった。

当時、ラジオを持っている家は少なく、母子寮である筆者の家にもなく、近所に持っている人は誰もいなかった。五、六kmほど離れた先にラジオを持っている正生叔父（母の、中の弟）が住んでいて、当日そこに聞きに行くことになった。道がよく分からないので、兄と一緒に行くことになった。そして当日、早く帰宅して兄の帰りを待ったがなかなか帰って来ず、時間が迫って来て不安ながらも一人で行く覚悟を決め、必死で叔父宅に向かって走った。やっと着いた時には、放送は終わっていた。落胆したが、後の祭りであった。今でも悔しかったことをよく覚えている。その時、つる子叔母さんが得意のカレーライスを御馳走して慰めてくれた。非常に美味しかった。

死んだ小鳥を食べる

弟の紘捷《ひろかつ》が小学校に入った頃、初感染の結核に罹った。結核は当時、不治の病で、良い薬がなかったが、アメリカで作られたという最新の「ストレプトマイシン」という特効薬が日本に輸入されはじめ、非常に高額なものであった。当時薬局（現仙台西堀薬局）を経営していた鈴木俊次叔父（母の上の弟）がそれを教えてくれ、無償で提供してくれたのである。それを東一番町の薬局に定期的に受け取りに行くのは、筆者の役目だった。早朝自宅を出て、ノンストップで叔父さん宅に走り、往復して母に手渡した。母はそれを持って、仕事に行く合間に入院中の弟に飲ませ、おかげで弟は命拾いをした。今でも俊次叔父のご親切は感謝に堪えない。

いつも空腹で、おやつなど食べ物は何もなかった。学校から帰って来て、戸棚の引き戸を左右に開けても、たくあんの切れ端しかなかった。ある時、弟と家の近くの道端で、手のひらに乗るくらいの小鳥の死骸を見付けた。満洲の父たちの霞網猟を思い出し、拾って羽を毟《むし》り、腹を切り開いて内臓を取り出し、洗って二人で焼いて醤油を付けて食べた時の美味しさは今でも忘れられない。

小学三年生、アメリカ進駐軍の婦人によるチャリティーのクリスマス・パーティーに、母子寮の低学年の子供たち三十人位が招待された。案内されて会場に入ってみると、明るくきらびやかな室内、サンタクロース、クリスマスツリーの飾り付けに驚いた。四列の各長テーブルに盛られた沢山の大きなデコレーションケーキや菓子、チョコレート、キャンディ類。七面鳥の丸焼きなど見たことも無い御馳走の山に目を奪われた。

各テーブルの両側に米国老婦人と私たち子供が一人置きに座らせられ、ナイフとフォークが並べられ、その別世界の雰囲気に圧倒された。いざ食事を勧められたが、われわれを間近でじっと見つめる老婦人方の異様な奥まった青い目と、話しかけて来る恐ろし気な外国語と笑顔に心底恐怖を覚え、食欲は全く消え失せ、全身が硬直した。

もはや一刻も早くこの場を逃げ出すことばかりを考えているうちに時が経ち、結局誰も何一つ食べないままお開きとなった。会場を出て皆一目散に百mくらい走って一息ついた。皆で顔合わせてホッとした途端《とたん》、俄然《がぜん》空腹を覚え、急激に唾液が湧き出たが、後の祭りであった。その後、このことを思い出しては悔しさに苛《さいな》まれ、何度もその御馳走の夢を見た。

「色弱」により医師の道を諦める

今でも悔いが残るのは、私が医師になって父の跡を継ぐという強い志と夢、それを期待する母の願いに応えられなかったことである。

母が勤め先の小学校（事務職）から借りて来た本の中に、医師の『シュバイツァー博士』の偉人伝があった。博士はアフリカで医療活動に生涯を捧げ、一九五二年ノーベル賞を受賞した。博士の誕生日が一月十四日（一八七五年）で筆者と偶然同じだったため、私の夢は父の後を継ぎ、シュバイツァー博士のような医師になることだった。

ところが小学校六年生の学校の健康診断時、目の検査（当時の石井式検査）で「色弱」と判定された。心配で母と近所の内科の開業医に相談に行ったところ、医師から「心配はないが、進路として理科系は無理」と言われてしまった。当時、母も私も医師の言うことを絶対視していたので、この時点で医道を断たれてしまったのである。

医師の道を諦めたため、筆者は母ともども非常に落胆した。私の人生の最初の決定的な挫折であり、その思いは今も心に大きな〝しこり〟として残っている。爾来私は思い詰めて来た人生の目標を失って、思わざる方向に歩み出し、大小の挫折や方向転換を繰り返すことになる。挙句は大学卒業後、ブラジルに移民として渡ることになった。

中学生時代――柔道部のこと、アイゼンハワー大統領への手紙

小学生時代、筆者は相撲が好きだったので、仙台市立五城《ごじょう》中学校に入学後、柔道部に入った。特別強かったわけではない。

中学の先輩に、一九六四年東京オリンピックの無差別級でオランダのヘーシンクに敗れることになる神永昭夫氏がいた。同氏は五城中学卒業後、近くの裏山の上に所在した私立東北高校生時代から、強くて有名であった。私が中学で入部した頃は、同氏の弟が柔道部のキャプテンだったが、ある時、高校生の神永氏が私達に稽古をつけるために友人と連れ立ってやってきた。柔道着

に着替えて道場の畳の真中に仰向けに寝転がり、一年生に向かって両手をあげて「かかって来い！」と云った。しかし、二〇人以上いた一年生は、周りを囲むばかりで、怖くて誰も近付けない。するとまた「かかって来い！」と声がかかる。寝転んでいるからどう攻めればよいかわからない。

遂に決心して私が挑んだ。神永氏の足に私の足が触ったか触らないうちに、いきなり吹っ飛ばされて、畳に叩きつけられた。全員次々に飛ばされ、氏は笑いながら帰って行った。道場に興奮が残った。たまたまその時私は、キャプテンの神永氏の弟と組んだが、何気なく背負い投げをかけたら見事に成功してびっくりした記憶がある。

当時は世界の二つの強国、米国とソ連の軍事力が拮抗し、世界の覇権を争っていた。両国は軍縮交渉を繰り返していたが、妥結することは無かった。私は、五城中学二年生の時、思うところがあり、英語で当時の米国第三十四代大統領アイゼンハワー氏に対し、直接英文で手紙を書き、軍縮案を提案したことがある。〝両国の軍事力が拮抗しているのであれば、国連監視の下、互いに同種・同量の軍事力を同時に減らして行く（廃棄する）方法が良いのでは〟という趣旨の軍縮案であった。

純情な思いを込めたものであったが、採用されるはずは無かったし、返事も貰えなかった。英語の得意な母の指導を受け、英語だけは学年試験で常にトップの成績であった筆者の勇み足で

宮城県立仙台第一高等学校・男声合唱団の演奏会
前列右端が筆者。仙台第一女子高等学校合唱団と定例交歓演奏会、1959 年

あった。

仙台第一高校時代——合唱団に入る

高校は、宮城県立仙台第一高等学校というバンカラな男子校に入学。音楽の先生は高齢で、平家琵琶《びわ》の達人（人間国宝）だった。歌唱指導は、「さんさ時雨《しぐれ》」（宮城県民謡）や「八木節《やぎぶし》」（群馬・栃木県民謡）を、時々間違うピアノ伴奏で毎回歌わされていて、些《いささ》か食傷気味であった。

そこに突然、東京芸大出身の若き男性声楽家・指揮者が赴任して来たのである。ヘタクソだった同校の男声合唱団（団員約六十名）を指導して、合唱コンクールに出場。たちまち県大会、東北大会で優勝。全国大会に出場して第四位の成績を収めて大評判となった。

筆者も歌が好きだったので、合唱団に入った。

大学受験を控えながら朝晩猛練習に励んだが、東北大会で優勝できなかった。

高校三年生の時、当時の仙台市公会堂で、東北大学交響楽団のベートーベンの「交響曲第九番」の演奏会があり、合唱で友情出演をした（筆者のパートはバス）。指揮は山田和雄氏（新星日本交響楽団名誉指揮者）。奥さんのドイツ人女史から独語の歌詞を厳しく仕込まれたため、今も一部ではあるが原語の歌詞を覚えている。

早稲田大学時代

学生寮の思い出

一九六〇年四月、早稲田大学第一法学部に入学した。同時に品川区大井町、京浜急行線「鮫洲駅」近くに当時所在した旧仙台藩下屋敷跡に建つ「仙台育英会五城寮」があり、入寮試験（面接・筆記）に合格し、入寮した。東大早慶等大学は様々で、中には育英会多額寄附者でもある仙台の地元新聞社や銀行、百貨店オーナー等の有力者の御曹司《おんぞうし》や、有名会社役員の子弟も少なからず存在し、満洲引揚者で母子家庭に育った私は最貧学生であった。従弟の克彦ちゃん（鈴木俊次叔父の次男）も慶応大学法学部に入って同期だった。彼はいつも快活で、後、寮長を勤めた。全員が宮城県出身者で、各学年十名、計四十名の学生寮で、理事や舎監は旧日本海軍の重鎮の方々であった。

前舎監は、元学習院大学総長、山梨勝之進海軍大将（明仁親王＝現上皇陛下御教育掛）で、八十

早稲田大学第一法学部に入学

1960年4月9日入学式。左が筆者、右は兄・精也

歳を超えてなお矍鑠《かくしゃく》としておられた。慶應義塾大学学長・小泉信三氏も来られることがあった。面接試験の際、上席に座る山梨先生から小さな声で「お父様は軍人だったのですか」と問われた。父は、学生時代に陸軍歩兵少尉に任官し、満洲では在郷軍人分会長であったが軍人ではなかったので「軍人ではありません」と答えた。軍人で戦死していれば軍人恩給が支給されていた時代であった。

入寮時の舎監は大野薫元海軍中将で、寮生は、海軍のお歴々の薫陶を受けながら日々を過ごした。寮内には「末は博士か大臣か」という明治・大正・戦前の昭和の雰囲気をわずかながらも醸していた。入寮式では山梨先生が、シェークスピアの詩を英語で朗々と吟じた。

入寮直後に、寮の同室（二人部屋）の慶応大学の新入生と共に、会計係を命ぜられた。会計（寮費の徴収）は、新入生の担当だった。係になって分かったのだが、寮生の中には寮費（当時朝晩の賄い付きで月額四千円）を滞納する者が少なからず、寮は資金面で運営に苦労していた。寮生の中には有力者のお金持ちの子弟も少なからず存在していたが、そういう学生ほど多額の滞納をしていた。それで私たち会計係が先輩方一人一人を訪ねて督促に回るのだが、相手にされない。貧乏学生だった私は、業を煮やして相方と相談して、滞納者の親元に一斉に督促状を送り付けたから、騒ぎになった。先輩方にド突かれそうになったが、別に悪いことをしているわけではないので、平気だった。おかげでその後滞納はなくなって舎監に感謝されたが、同時に「余り短兵急にことを進めるものではないよ」とやんわり諭されるという落ちがついた。

六〇年安保闘争中の「事件」

大学に入ったとき、私がやがてブラジルに移住することになるとは夢にも思わなかったあの事件があった。あの時のあの一瞬の出来事が、自分の人生を根底から変えてしまうことになったが、それが「六〇年安保闘争」であった。

大学入学当時、六〇年安保闘争（日米安全保障条約改定闘争）があった。安保条約改定に反対する野党やマスコミ・学者に先導された全国の労働者・労働組合、市民、学生等の各団体による日本の戦後史上、最大の国民運動だった。反政府・反米運動の大規模デモ行進が連日各地・各所で繰り広げられ、激化していた。国会周辺は十重二十重にデモ隊に取り囲まれ、世情は騒然としていた。

田舎出の青年であった私は、「安保」とは何か、国会で一体何が起こっているのかわからず、入学後間もない五月下旬、授業終了後、一人で国会議事堂にフラッと見物・見学に行った。地下鉄国会議事堂駅で下車。地上に出たところ既に無数の労働者や学生によるデモ隊が議事堂周辺を埋め尽くし「安保《あんぽ》反対！ 岸（総理大臣）を倒せ！」と耳を弄するシュプレヒコールと「インターナショナル」の唄声。その喧騒に圧倒された私は、スクラムを組んで座り込む学生の後方に佇《たたず》み成り行きを見守った。

夕暮れが迫るころ、装甲車を先頭にして、殺気漲《みなぎ》る大勢の機動隊隊員が、濃紺の制服・制帽（ヘルメット）に身を固め、左手にジュラルミンの盾、右手に警棒を持ち、列を組んでデモ隊の面前に姿を現した。若い機動隊員とデモ隊が互いに敵視し睨み合うというただならぬ雰囲気となった。すると突然、装甲車の強烈なサーチライトがデモ隊を照射する。間もなく車上のハッチが開いた。隊長らしき者が上半身を現し、マイクを片手に大音声で「諸君、これから解散命令を出す。三回の命令後にも従わなければ、公務執行妨害で逮捕する！」と宣告するや否や「諸君解散せよ」、「諸君……」と三回連呼した。間髪を入れず、檻から解き放たれた猛犬のように機動隊員が怒号を発して、座り込む学生に襲い掛かった。学生が次々にゴボウ抜きにされ、身を捩って抵抗する学生、それを警棒で殴りつける隊員、悲鳴を上げて逃げ惑う女子学生。

見物人然として、あってはならないその光景に息を詰め、唖然として立ち竦み、目を瞠ったのも束の間、次の瞬間、降り下ろされた警棒が私の右耳元をビュッと掠めた。機動隊員から見れば座り込む学生も傍に立っている学生も同じだった。驚愕した私は、咄嗟に身を翻すと同時に、他の見物人とともに一目散に坂道を駆け下って逃げた。

転倒する者、側溝に脱げた靴が転がる者が続出、地下鉄霞ケ関駅入り口付近まで辿り着き、後ろを振り返った。信じられない惨劇と屈辱。多感で正義感旺盛、保守を自任する私も、心底から怒りが込み上げ、安保条約改定の意義や是非を論ずる暇もなく、翌日から一気に学生デモ隊に身を投じた。授業を投げ出し、連日国会周辺に通うことになったのは、自然の成り行きであった。

同時に、保守派の牙城である五城寮での居場所を失いつつあった。六月十五日、東大の女子学生（樺《かんば》美智子氏）が闘争中に機動隊と激突・死亡。忘れもしない同月十九日深夜、日米安全保障条約改定法案は参議院で自然成立したのである。絶望感が全身を襲った。

この事件が私の人生を思わぬ方向に変えた。空しくやり場のない気持ち、できれば〝こんな日本を離れたい〟という悲壮な思い、海外脱出に考えを巡らす日々。しかし、当時は日本人が簡単に海外に出ることは外貨規制等でできなかったし、資金もなかった。

学年末試験を放棄

同室の寮生との間で、フトしたことでブラジル移民・移住の話が持ち上がったのは、その頃であった。強い興味を覚え、ブラジル行き決行を決断した。

背水の陣を敷くため、一年生の学年末試験を全て放棄した。二年生の新学期が始まると同時に学生課長から呼び出しを喰らった。課長曰く、「卒業式のため田舎から出て来る親が、卒業できない息子を見て涙に暮れるシーンを毎年見ている。君の場合も今後、通常の授業に加え夏季や冬季補講を含め全て受講した上、一単位も落とさなければ計算上は卒業可能であるが、無理と思われるので、今のうちに大学から親元に連絡して上げたい」と親切に言ってくれた。

全科目の試験を放棄したので、本来は即座に四年での卒業は不可だったが、フランス語の科目の中間試験が良かったせいと思われるが、その担当教授だけが「可（四単位）」をくれていた。そのため首の皮一枚で計算上は卒業可能だったのである。

しかし、退学を辞さない覚悟だったので、私は課長の申し出を断ったが、郷里の母を思い、胸が疼《うず》いた（結果的には、その後、課長の言う補講も含めた計算上の全単位を取得、四年生で辛うじて無事卒業）。当時、ブラジル行きは、農業移民以外は移住資格がなく、実現しなかった。従って、まずは、卒業してから先行きを考える以外になかった。

このような状況下で、模範的学生と思われていた筆者は、五城寮に居にくくなり、舎監に引き止められながらも二年生終了時に退寮。郷里の友人と三人で杉並区の大宮前に小さな一軒家を借りて、卒業まで過ごした。

学生バンドの興行大成功

悩みを抱えながら、夏休みを迎えた。寮の早稲田大学の先輩からあることを頼まれ、気分転換に引き受けた。それは、早稲田大学の二つの学生バンドの郷里・仙台での演奏会の興行であった。今も続く当時の人気楽団「早稲田大学ニューオルリンズジャズクラブ」と「オルケスタ・デ・タンゴ・ワセダ」の合同演奏会だった。

先輩と同輩の三人で事業を引き受け、私は入場券の切符の販売を担当した。そして八月初旬のある日、筆者はあらゆる伝手を辿り、三千枚の切符の販売を一手に引き受け、完売。市立公会堂が昼夜満員の大盛況となったのである。興行成功の報酬を頂戴したが、販売協力者に大盤振る舞い（食事会）を重ね、筆者の手元にはほとんど残らなかったが、忘れ難い思い出である。

「早稲田大学海外移住研究会」に入部

気持ちの持って行き場のないままの二年生の四月のある日、大学構内の大隈侯銅像近くで、机を出して新歓中の「早稲田大学海外移住研究会」（以下、「移住研」）というクラブ（部活）に出会った。

呼び声高く新入部員を勧誘していたのは、吉村善智君（同学年で商学部、柔道四段、早大落研。卒業後アルゼンチンに柔道師範として移住。帰国後、水産物の輸入販売事業で成功）であった。勧誘に惹かれるものがあり、即入会した。会の目的は、当時失業対策の一つだった、外務省所管の国策に協力し、主に全国の農業従事者に対する南米等への海外移住を促進する啓蒙活動であった。筆者はこのクラブ活動において、将来にわたる多くの友人（先輩・同輩・後輩）に出会った。

私が巻き込まれた一九六〇年日米安保改定闘争（六〇年安保闘争、デモ）は、「全学連」運動であり、一方、同時期にもう一つの学生運動と言われた「日本学生海外移住連盟」（通称「学移連」）の運動（海外移住啓蒙活動）があり、私は偶然両方に関わってしまい、ブラジルに移住することになった。つまり、はじめはたまたま見物に行った国会議事堂で事件に巻き込まれて、自然に全学連活動に参画、挫折、その延長線上で学移連傘下の早稲田大学海外移住研究会に出会って移住したということである。

吉村善智君、田中秀幸君らとの出会い

海外移住研究会の後輩田中秀幸君は学生時代、ひどいインキンタムシに悩まされていた。同じ

く私と同期の吉村善智君（私を新歓で同研究所に誘い入れた友人）は、彼のお父上がそのインキンタムシの薬で知られた大手製薬会社（ＫＫ製薬）の重役だった。吉村君は早稲田大学の柔道部にも所属していて、部員の多くがインキンタムシに悩まされていたため、彼は常に同社のその塗り薬の試供品を沢山持ち歩いていた。

大学の夏休み、移住研は千葉県の大原という町で合宿した。吉村君は、その試供品を持ち込んでいて「誰かインキンタムシに罹《かか》っている奴はいないか。薬があるぞ！」と言った。すると一年後輩の田中君が手を挙げた。ワイワイガヤガヤ部員が集まって来た。ある先輩が「見せてみろ」と叫んだ。パンツをおろしうつ伏せになった田中君は痒みで苦しそうで、重症であることが素人目にも一目瞭然だった。取り巻く連中は見守るばかり。『論語』の一節にある「義を見てせざるは勇無きなり」という言葉を思い出し、私は吉村君の手から試供品をとって、田中君に近寄った。そして思い切って液をたっぷり含んだ刷毛を、ひたすら隅々まで丁寧に塗って上げた。

翌朝より彼は元気になって、何故か常に私の後をついて回るようになった。こうして田中君との関係が深まったというか、互いに生涯の友となった。吉村君との関係も同じである。彼の家の墓地が堀之内妙法寺にあり、偶然私の父と同じ場所だった。同君の細君で書家の東琴さんが父の墓を見つけ、墓誌を見て感銘を受けたということで、拓本を取ってくれた。墓誌は父の妻（母の満）によるものである。

田中秀幸君

早稲田大学第一法学部卒、筆者の1年後輩で同大学海外移住研究会所属。ブラジル移住（南米銀行勤務）、NPO法人設立等、筆者と終生活動を共にした

合宿が終わり、親しくなった田中君のお宅（東横線大倉山駅近くの大手電機メーカーの社宅）に、泊まりで遊びに行った。寝しなに酒を飲むことになり、二人で台所に酒を取りに行った。米櫃の中に一升瓶が隠されていた。家族全員（男兄弟三人とお父上）が酒豪らしい。田中君は一升瓶を取り出して大きなヤカンに半分ほど入れて、そのまま一升瓶を水道の蛇口につけて、水をどんどん灌いで、瓶を満タンにした。私は呆気にとられた。「こうしておけば誰も気付かない」という。彼は馴れた手つきで米櫃のふたを閉め、ヤカンを持って、ラテン音楽、「コーヒー・ルンバ」などをききながら、部屋で酒盛りをした。ヤカンが空になると、彼は台所に向かった。後年、彼はブラジルでカイピリーニャ（サトウキビから作られる蒸留酒、ライムと砂糖を加えて作ったカクテル、二五度以上）という度の強い国民酒に出会い、好んで呑んで、アルコール依存症となり、治療のため、帰国を余儀なくされた。完治まで二十年以上を要した。

田中君は人柄がよく、早稲田大学の後輩や関係者がブラジルに来ると、その世話や面倒を一手に引き受けた。彼の世話になって後年、日本で活躍するジャーナリストや日本のブラジル進出企業の社長に出世するなどした後輩から、終生の父親のように慕われている。彼の人柄という他ない。ただし、アルコール中毒になって両親や兄弟に多大な迷惑をかけたことを、終生悔やんでいた。

卒業、ブラジル移住

そして一九六四年、卒業と同時に、筆者自身も啓蒙活動の道義的な責任を感じ、自分自身としては永住の意志まではなかったが（永住しては、幼い頃からの使命感・父への思いを果たすことができない）、筋目としてブラジルに渡ったのである。

行先（就職先）は、当時隆盛だったサンパウロの日系銀行・南米銀行（Banco Amerika do Sul. S. A.）であった。

ブラジル移住

南米銀行入行

南米への移住者は、主に農業従事者だった。私たちは、当時としては珍しい商業移住者で、同時に採用された早慶合わせて五名の同僚と共に、サンパウロの日系銀行「南米銀行」に就職・渡伯することになった。文系の移住は無理と思われていたが、当時ブラジルでは、有力な日系の南米銀行が、日本の学生を採用するまでに躍進していたのである。

採用窓口は外国為替取引先の富士銀行（現みずほ銀行）で、南米銀行に役員を派遣していた。同窓口は東京大手町の本店で、日本出発前に私は、実家があった同行仙台支店で四ヶ月間の研修を受けた。毎日の研修時間の終わりには、必ずピン札で金勘定をさせられた。最初は出来なかったが、指が慣れてくると上手くできるようになった。

渡伯（日本出帆―南米航路）

一九六四年七月、富士銀行仙台支店での四ヶ月間の研修が終了。宮城県庁での壮行会・記者会見、仙台駅頭での盛大な見送りを受けて、八月二日離仙、横浜の移民収容所に入って、移住に関する研修を受けた。

八月十二日夕、横浜大桟橋で、移民を満載したアフリカ・ケープタウン廻りのオランダ船で出帆する。家族や友人、早大移住研の後輩たちが多数見送りに来てくれた。

「祝　渡伯　加藤仁紀先輩　早稲田大学海外移住研究会」と墨で大書した白の垂れ幕が、船の客室の上から垂らされ、潮風にはためいていた。乗船前に後輩たちからエールが送られ、大音声の「ワセダ、ワセダ」の校歌。そして乗船。

われわれ乗船者が投げる五色のテープが、大勢の見送り人と交わされ、感動と感傷で胸が高まった。汽笛が鳴り渡り、激しく打ち鳴らされるドラの音、万感の思いで胸に込み上げるものがあった。しかし遂に船が岸壁を離れた瞬間、あれだけ苦労して満洲から帰国したのに、今、別の大陸に出発しようとしている――これでいいのか、という思いが急にこみあげた。

いずれにせよ、われわれを乗せたオランダ船チチャレンカ号（一万七千二百排水トン）は、アルゼンチンのブエノスアイレス港に向けて出帆したのである。

「祝　渡伯　加藤仁紀先輩」という舷側幟を
早稲田大学海外移住研究会が出してくれた

ブラジル移住時の筆者のパスポート

移住船のオランダ船チチャレンカ号（1万7,200排水トン）

横浜港で、乗船直前に同僚と
（中央が筆者）

赤道祭、1964年9月
右が筆者。サングラスで合唱隊を指揮している

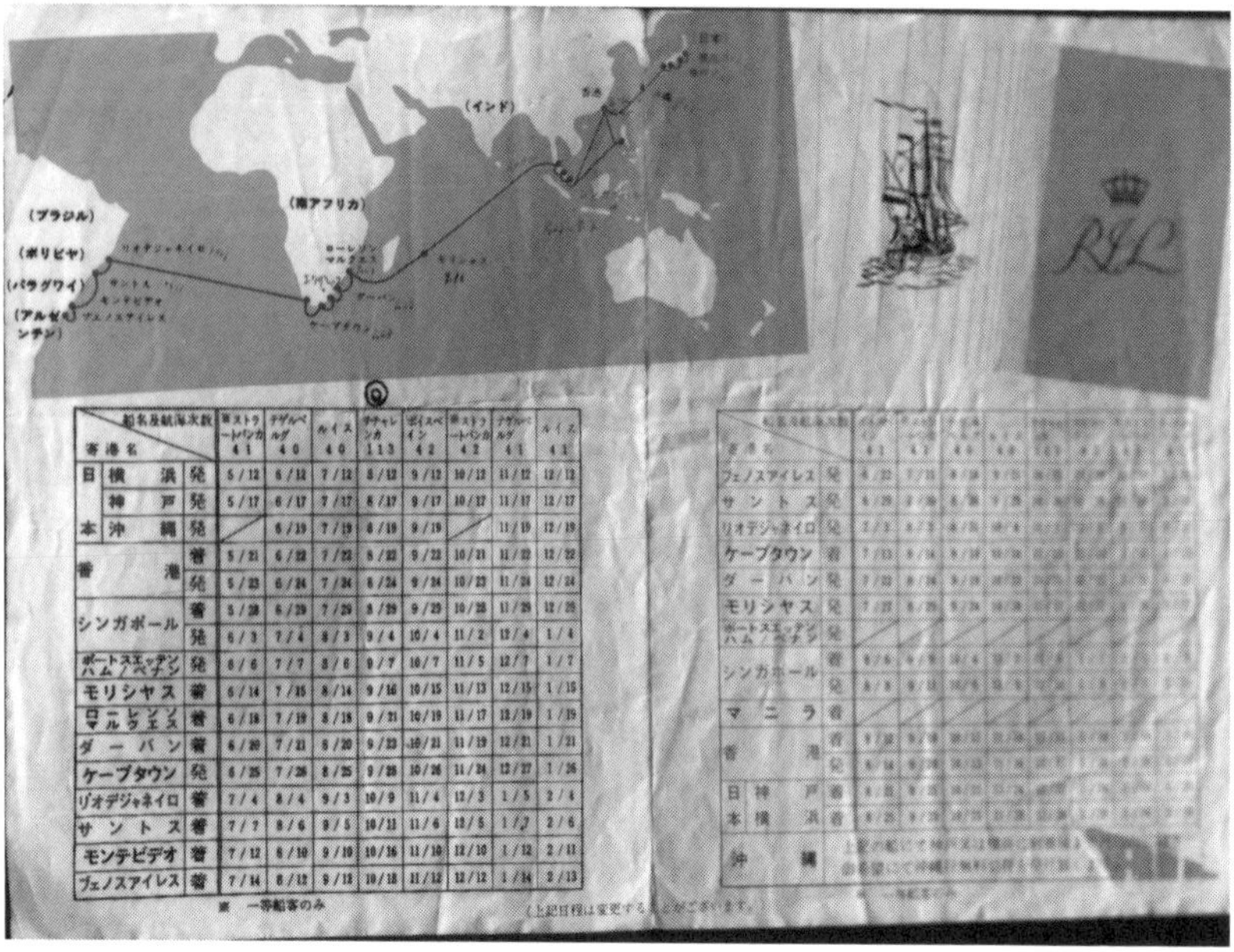

船名及航海次数 / 寄港名		※ストラートバンカ 41	テゲルベルグ 40	ルイス 40	チチャレンカ 113	ボイスベイン 42	※ストラートバンカ 42	テゲルベルグ 41	ルイス 41
日本 横浜	発	5/12	6/12	7/12	8/12	9/12	10/12	11/12	12/12
日本 神戸	発	5/17	6/17	7/17	8/17	9/17	10/17	11/17	12/17
日本 沖縄	発		6/19	7/19	8/19	9/19		11/19	12/19
香港	着	5/21	6/22	7/22	8/22	9/22	10/21	11/22	12/22
香港	発	5/23	6/24	7/24	8/24	9/24	10/23	11/24	12/24
シンガポール	着	5/28	6/29	7/29	8/29	9/29	10/28	11/29	12/29
シンガポール	発	6/3	7/4	8/3	9/4	10/4	11/2	12/4	1/4
ポートスエッテンハム／ペナン	発	6/6	7/7	8/6	9/7	10/7	11/5	12/7	1/7
モリシャス	着	6/14	7/15	8/14	9/16	10/15	11/13	12/15	1/15
ローレンソマルクエス	着	6/18	7/19	8/18	9/21	10/19	11/17	12/19	1/19
ダーバン	着	6/20	7/21	8/20	9/23	10/21	11/19	12/21	1/21
ケープタウン	発	6/25	7/26	8/25	9/28	10/26	11/24	12/27	1/26
リオデジャネイロ	着	7/4	8/4	9/3	10/9	11/4	12/3	1/5	2/4
サントス	着	7/7	8/6	9/5	10/11	11/6	12/5	1/7	2/6
モンテビデオ	着	7/12	8/10	9/10	10/16	11/10	12/10	1/12	2/11
ブエノスアイレス	着	7/14	8/12	9/12	10/18	11/12	12/12	1/14	2/13

※　一等船客のみ

（上記日程は変更することがございます。）

日本—南米航路のパンフレットより

1964年8月12日横浜港大桟橋出帆

　移民は三等船室で、ベッドは三段の通称「蚕棚《かいこだな》」、食事は中華料理が中心で、三食プラス午後三時のティータイム。貧乏学生時代の食事よりはるかに豪勢だった。

　海外移住事業団（現ＪＩＣＡ）の引率者に付き添われ、横浜を出た後の経由地は、神戸、沖縄、香港、シンガポール、ペナン、モーリシャス、ローレンソマルクエス、ダーバン、ケープタウン、リオデジャネイロ。そして目的地サントス港に着いたのは、十月十一日。六一日間の旅だった。

　それぞれの港に着いたときは、上陸して観光に出かけ、美味しい食事をし、船旅の途中では赤道祭などの楽しい行

サンパウロ市中心街にあった勤務先の南米銀行本店前で
中央が筆者。同船者、同僚、早慶大 OB らと。1965 年 1 月

事もあったが、徐々に飽き、疲れが出て皆元気がなくなった。モーリシャスを過ぎた頃は、誰かが「アフリカ大陸が見えたぞ!」と叫んでもベッドから起き上がる者はいなかった。

サンパウロの南米銀行本店

サントスという港町は、高級別荘が立ち並ぶ、風光明媚な保養地であった。南米銀行の別荘で一週間の休養後、われわれは、サンパウロ市内の日本人が経営する二ヶ所のペンソンに旅装を解いた。朝晩の賄い付きの部屋が数室あり、各室二、三人の日系人の同居人がいたが、オーナー(日本人)もその家族も住んでいて、日常生活には全く困らなかった。

勤務する銀行本店は、教会を中心とするプラサ・ド・セという市の中心街にあり、高層ビルが林立していた。ブラジルは地震がないので、高層ビルが簡単に建つらしい。

いよいよ本店で勤務開始となったが、その頃東京では一九六四年オリンピック大会が開催され、開会式のファンファーレを夜中にラジオで聞いた覚えがある。

勤務初日は銀行の役員が高級レストランで歓迎会を開いてくれた。この時のご馳走はブラジル料理で、国民食とも言われる名物のフェイジョアーダ（黒インゲン豆とソーセージや豚肉・牛肉を煮込んだ料理）だった。日本の食事は質素だったこともあり、筆者はこの脂肪分の多い料理が美味しくてならずたらふく食べ、カイピリーニャというブラジルの国民的カクテル（アルコール度数が高い）の杯を重ねた。歓迎会の終わりごろになって急に腹痛を催し、トイレに倒れ込んで猛烈な下痢を繰返し、そのまま意識を失った。救急車で病院に運ばれ、三日間を点滴で過ごす羽目になったが、ハイレベルな病院で快適だった。

集金業務

南米銀行で約一ヶ月の研修を終え、最初の仕事は自転車による集金業務であった。ブラジルは当時発展途上国であり、インフレのため大量の札が出回っていた。これを受け取りに行くのである。札束を数えるだけで、札を一枚一枚数えることはしないし、していられない。集金した札束を、前輪の上に大きな金属製の枠がある荷台に積み込み、縄で括り付けて、よろけながら銀行に運ぶのである。日本でのピン札の研修など全く無意味なものであった。

そんな日々でも終業後は同期の五人組で物珍しいサンパウロの繁華街に繰り出し、毎晩レストランで美味しいビールを飲み、肉料理を食べるなどして生活を楽しんだ。肉料理と言っても日本では当時滅多に食べられなかったが、ここでは大皿いっぱいの分厚いステーキにたっぷりチーズがかけられていて非常に美味く、値段も安かった。

ある時、サンパウロで初めてサッカーの試合を見に行った。サントスFCのペレが出場するというので、出かけた。入場後、観客席入り口で身体検査があった。それとは知らない〝くすぐったがり屋〟の筆者は、両脇をガードマンに触られたため、思わず驚いて逃げ出したところ、複数のガードマンに追いかけられて捕まった。拳銃の所持を検査するのである。

観客席に入ると試合が始まって、目の前にペレ（当時二十五歳くらい）がセンターFWでボールを待ち構えていた。すると間もなく来たボールをオーバーヘッドシュートでゴールしたのである。豪快というか華麗なプレーに大歓声が上がったことは言うまでもない。

南米銀行退行、移民生活

私はそもそもブラジルに永住する考えは持っていなかったが、思うところがあり、無謀にも半年程度で銀行を退行した。

生計を立てなければならず、考えあぐねていたところ、ピーナッツを使った甘い菓子作りのノウハウを持った日系二世の三十代の男性がいた。聞けば、売り先さえ開拓できれば商売になるという。そこで売り先は私が見付けるから一緒に商売をやろうということになった。

日系社会は同県人出身者を大切にしてくれる。私は宮城県出身者なので同県人会会長等と親しかった。サンパウロに赤間学院という、大正時代に日本人女性が創立した旧洋裁学校（現有力進学校）で、女子小中高等学校・生徒数五百人くらいの日系の名門校があった。理事長兼学長が同県人で、赤間みちへ氏という日系社会では著名な女性で、筆者は以前から親しくさせていただいていた。そこで氏に相談を持ちかけたところ、学校に購買部があるが、菓子類は置いてない。許可するから、そこで作ったものを全部買って上げるという、大変ありがたい話になった。生徒は女の子ばかりで甘いものに飢えている。割合裕福な家庭の子ばかりだという。

さっそく市街地から離れたところに小さな一軒家を借りた。名ばかりの工場で、衛生状態など考えてもみずに、菓子作りをはじめた。それが同学院で大いに売れ、アルバイトに使っている子供たちを含め、皆の生活の足しになったのである。

サンパウロで警察官に職質された時

一九六五年頃だったと思う。ブラジルで南米銀行を退職し、サンパウロ郊外に小さな工場を借り、ピーナッツ菓子の製造・販売をして生計を立てつつあった頃のある日、町外れで暇そうな数人の警察官に職務質問をされたことがあった。嫌な予感がした。販売を終え、両手に売れ残りの品が入った袋状の手さげカバンを持って歩いていたところだった。警察官が近寄ってきて、私に何を持っているかと尋ねた。

こういう場合は、黙って賄賂《わいろ》の小銭を出せば済む、むろん違法であるが、これが現地での習慣、常套手段であったが、あいにくそのとき筆者は仕入れ後で、小銭を持ち合わせていなかった。小切手を切るわけにもいかないので瞬時困惑する私を見て（日系人は気が弱いのでワイロを取り易いらしいが、私は賄賂を出す気はないと判断されて）、すぐに拘束され、有無を言わさずマイクロバス風の鼠色の小型の装甲車の後部座席に閉じ込められた。すぐ車は走り出した。どこに連れていかれるのか、地理不案内の私は、車の後部扉に開けられた小窓（縦五cm、横十cmくらい）から必死に目を凝らして、帰り道を覚えようと思いながら揺られていた。

止まったのは、最寄りの警察署だった。とんでもないところへ連れて来られたと思ったが、後の祭り。トイレを貸してくれと頼むと、案内してくれた。トイレを見てその汚いことに愕《おどろ》いた。足の踏み場がない程糞尿で溢れていて、反吐《へど》が出そうだった。こんなところに留置されては堪らない。一刻も早くここを脱出しなければならない。

トイレが終わるとすぐ取調室に連れて行かれた。室内にはボスとその周りに十人位の暇そうな取調官が着席している。当時、私は未だ現地の言葉（ポルトガル語）は、十分できなかった。別段身に覚えのあるようなことや、うしろめたいことはしていなかったが、まごまごしていると事態は悪化するばかりであることは、容易に想像された。下手な受け答えをすれば、何か落ち度を見付けられて追及される恐れがある。世話になっている赤間学院に迷惑がかかっては最悪である。何とかこの窮地を脱する方法はないか、頭を急回転させた。

するとある考えが閃いたのである。以前も何度か職質に遭ったことがあり、その記憶が蘇った。下手なポルトガル語を駆使し「先ほど（職質で）捕まって釈放されたところを、今、また捕まった。何度も捕まえるな。非常に迷惑だ。さっさと帰してくれ」と言い放った。まさに一世一代の言い逃れだった。すると室内はシーンと静まり返った。しばらくするとボスがクスクス笑い出した。それを見て、皆も少しずつ笑い出し、遂には皆が大声で笑い出した。

ボスが言った。「それは済まないことをした。申し訳ない。もう帰ってよろしい」と。すかさず私は言った。「私はどこで捕まったのか、帰り道が分らない。その場所まで送ってくれ」と厚かましく言った。ボスは「OK、OK」と言って席を立ち、取り調べは終わった。

すぐ車に乗せられ、来る時よりも凄いスピードで、捕まった場所に連れ戻され、釈放された。ホッとしたせいか、両手の荷物が一段と重く感じられた。丘の上に建つ小さな我が工場に戻る坂道を、夕陽に向かってトボトボと登った。さすがに疲れた。

登って行く先に、大きく手を振っている人物が見えた。誰だろう。こんなところに知人はいない。近付くと、相手は駆け寄って来た。だれかと思ってよく見ると、何と早稲田の移住研同期で、アルゼンチンに柔道の教師として移民した吉村善智君（柔道四段、早大柔道部、同大落研出身）だった。驚いて私も駆け寄り、男同士、無言で抱き合った。大学卒業以来三年振りであった。聞けば彼は身体を壊し、日本への傷心の帰国途上で、我々ブラジル・サンパウロの仲間に帰国の挨拶に立ち寄ってくれたことが分かった。互いに励まし合い、涙の別れだった。彼の再起を祈った。

帰国後、同君は、商社に勤務し、水産物の輸出入のビジネスを覚え、やがて持ち前の商才を発揮し、水産商社㈱ウミマールを設立、大きな成功を治めた。今は、渋谷区円山町の花街復活支援活動をしつつ自適の余生を送っている。筆者の盟友・田中秀幸君と同様、互いに盟友である。

思えば早稲田大学に入学し、将来を嘱望されながら大志を持って海外移住研究会に入部、思わぬ数奇な人生を歩むことになった互いの関係は不思議でならない。我々以外にも同研究会に所属した多くの仲間（先輩、同期、後輩）とは、今も特別なかけがえのない関係にある。

「市《いち》」の仕事を経て、帰国

菓子の製造・販売を始めて半年くらいが経過、生計の道が立った頃であった。

突然早大移住研ＯＢで私の一年先輩、富田博義氏（現サンパウロ在住、日伯教育機構理事、ブラジル日本語センター評議員、後述するＮＰＯ法人顧問）が、私の小さな工場を訪ねて来た。聞けば新しく商売を始めるので手伝ってくれと言う。彼は既に資金を投じて菓子を売る数ヶ所の「市（場）」の権利を取得し、フォードの大型・中古トラックを購入していて、すぐにも商売を開始するので、ぜひ頼むということであった。文科系出身で技術力の無い我々には仕事は余りなく、生きるために互いに必死だった。富田氏は、学生時代世話になった先輩・同志であり、些《いささ》か困惑したが、助け合うしかなく、断る選択肢はなかった。ピーナッツの菓子作りは共同でやっていた男性に渡し、急転富田氏宅に同居し、「市」の仕事を手伝うことになった。ブラジルでは商売替えは日常のことだったが、さすがにこの仕事は面食らった。

早朝三時に起きて準備を整え、四時前に出発する。出発する時はトラックの正面に廻り、私が両手でクランク型ハンドルを挿入してぐるぐる回さないと、エンジンがかからない。エンジンがかかると私は急いで助手席のドアーを開けて飛び乗り、富田氏がハンドルを握ってアクセルを踏む。坂道の多いサンパウロの市街地を上り下りフルスピードで走る。

市に着くとテントを張り、菓子台を設置、数十種類の菓子入り缶（サイズ縦・横・高さ約二五㎝）の蓋を一つずつ開け、台に並べる。用意が整い次第、買い物客に笑顔で声をかけ、売る。昼過ぎまで売って終わる。これを毎日繰り返す。すると儲けがでて、日本人を一人雇うなどして、商売が軌道に乗り始めた。

富田氏は学生時代「日本学生海外移住連盟」（一九五五年設立、全国約八十大学の海外移住研究会で結成された学生組織。学生を南米やカナダに派遣する事業。指導者は著名な元東京農大教授・杉野忠夫先生）の第九期委員長だった。その関係でその後、日本から同連盟の後輩が続々と氏を訪ねてくるようになって、仕事を手伝い始めた。それを見届けて、私は帰国を決めた。

日本でブラジル移民の経験を活かす道を考えるなど、いずれにしても帰国を決断したのである。送別会で「お前は挫折した」とか仲間に散々言われたが、盛大に送ってくれた。自分には心に秘すものがあったが、前途が開けているわけでは無かった。一九六七年春、約三年振りに横浜港に戻った。出発の風景とは様変わりの、寂しい大桟橋であった。

なお、サンパウロの、当時移民した日本の大学卒業生の中には、私と同様に、六〇年安保闘争に参加して絶望し、移住した者が少なからずいた。この闘争はそれだけ当時の青少年の心に大きな影響を与えたのである。

サンパウロの日系社会――「日本人は信用できる」

サンパウロには、戦前戦後、農業を主とする約二五万人の日本人が移住した。そして艱難辛苦して築き上げた、れっきとした日系社会があり、日本人の現地での信用は非常に高かった。正直、勤勉、忍耐、協力、科学的探究心、教育熱心という特質は、高く評価されていた。〝ジャポネース・

ガランチード（日本人は信用できる）〟というブラジル語（ポルトガル語）の言葉は、現地では良く知られている。日本移民が、得意の農業に携り、農産物の輸入国だったブラジルを輸出大国に押し上げた。今日、ブラジルを経済大国に躍進させた影の功労者は日本移民だったと言っても過言ではない。

なお、これはブラジルに限らずであり、戦前日本人が移住した先のラテンアメリカ諸国は、それぞれ日本移民の貢献を良く知っており、そのおかげで、今や各国とも全て親日国になっている。これは現在の日本外交の大いなる陰の遺産となって、国益に寄与していることを忘れてはならないと思う。

この関係を将来にわたって維持するためには、日本側が、現地の日系社会と常に連帯する思いと活動が大切と思う。ＪＩＣＡに呼びかけたい。

なお、ブラジル日系社会には忘れ難い負の歴史がある。日本移民は、戦争中は、敵性民族として扱われ、言語に絶する苦難を強いられたが、敗戦直後は情報不足で、日本移民の中には日本が戦争に「勝った」と信ずる者（勝ち組）と、しかるべき情報を得て「負けた」という者（負け組）に分かれて争い、挙句は日本人同士が殺し合いを演じ、二十数名の死者を出すという大事件があり、ブラジルを震撼させた。

ところで日本の敗戦を知り、日本の惨状を知って帰国を諦めた日本移民は、子弟をブラジル社会で成功させるために方針を切り替えた。農業より、教育に力を注いだのである。その結果、子弟が、ブラジルの東大と言われるサンパウロ州立大学の合格者数の一五％を占めるまでに至ってやっかまれている（人口比では一％に満たないにもかかわらず）。現在、日系人は医師・弁護士・大学教授等に就く者が多く、ブラジル社会の指導的地位を占めている。

ただ、日系二世の大学生と当時、語り合う機会があった。筆者が彼等に対し、何気なく「日系人で良かったのではないか」と尋ねた時のことだ。すると彼等は、「冗談じゃない。俺たちはブラジル人からジャポネース（日本人）と呼ばれている。これが嫌なのだ。できればこの顔を手術してブラジル人の顔になりたい」と言ったので驚いた。日系人が現地で少数民族で肩身の狭い思いをして暮らしていることが分かって、その苦労が偲ばれた。

筆者は、既に移住していた早稲田大学出身者（ブラジル稲門会や早大移住研ＯＢ）や県人会関係者等の日本人との交流を含め、自然に日系社会との付き合いが深まっていったのは言うまでもない。そして短期間ではあったが、サンパウロの日系社会を具《つぶさ》に見ることが出来、その知見が後日の日本でのＮＰＯ法人活動に大いに役立つことになる。

帰国して市場調査会社に勤務

一九六八年に帰国後、縁あって東京都渋谷区に本社があった日本最古の調査統計会社「綜研（グループ）」に入社（当時の社長は故水野正道氏、後吉武敏雄氏）、三十余年のサラリーマン生活の道に入った。同社でマーケティング・リサーチを含む各種の職務を幅広く経験。この経験が、その後の外国人支援活動に大いに活かされた。なお、勤務期間中もブラジルの仲間とはビジネスを含め公私の交流が途切れることはなかった。

フィールド・ワーク（アンケート調査）——ヤクザと対決

忘れられない仕事の思い出がある。一九七二年、同社の大阪支社長として赴任していた頃のことである。当時、大阪支社は、東京本社が受注する全国調査（アンケート調査の実施）の場合、大阪も調査対象エリアに選定されることが多かった。アンケート調査は、無作為に選ばれた対象者数百人を、数十人の婦人調査員が訪問面接して実施することが多かった。大阪エリアは当時、調査環境があまりよくなかった。牛刀を研ぐ怖い親父さんの目の前で調査員がアンケートを実施したり、質問の終わりに家族構成や年収、趣味などプライバシーにかかわることも聞かなければならない。調査員は調査対象者に睨まれると生きた心地がしなかったという。

特に面倒なのは、対象者がヤクザの場合だった。ある時、対象者にヤクザの親分がいた。調査員は親分と知らずに近所を訪ねて、その親分を探し廻る。調査の主体が、大蔵省（現財務省）、通産省（現経済産業省）、日本電電公社（現ＮＴＴ）、電通など有力な事業者の場合は、ヤクザの幹部がよく言い掛かりをつけて来る。「お前の所の調査員がうちの親分を訪ね廻っている。失礼じゃないか、社長を出せ！」と来る。社長を出すわけにはいかないので「私が責任者だ。社長は関係ない！」と答えると、待っていたかのように脅しにかかる。要するに金が欲しいのだ。失礼は詫びるが、ここで怯《ひる》むわけには行かない。それでもネチネチと許してくれない。

頃合いを見計らってこちらも変身、ヤクザ言葉で「俺を誰だと思っているんだ！　てめえ、ふざけるな！」と大声で怒鳴りつけた。相手は突然反撃されて息を呑む。すると、「兄ちゃん、若いもんをそちらにやるから待っていろ！」と言って電話を切った。待っていても埒《らち》が明かないし、待っていれば不測の事態（殴る、刺す、撃つ等）が発生する可能性が高い。しかし、事件になっては困るので、いずれにしても決着を付けなければならない。咄嗟《とっさ》にこちらから出向くことにする。

近所の酒屋で一升瓶入りの酒を買い、タクシーで組事務所に乗り込む。いかにもヤクザの組らしい大きな門構え、中に入ると広い玄関のたたき。「御免下さい！　親分さんいますか！」と名乗りを上げて、しばらく待つ。こちらの只ならぬ雰囲気を察知、緊張した親分を先頭に、代貸、子分がぞろぞろ出て来て、親分の両サイドを固める。互いにしばし睨み合った。そして私が「失礼な点はお詫びするが、他意はありません。これで済ませていただきたい！」と言って、一升瓶を踏み台にドンと置いた。すると親分は、子分の手前、面子が立ったのであろう、一瞬間をおいて「分かった！」と柔和な顔になり、折れてくれた。門を出たときは「助かった！」という感じだったが、しばらくの間、全身の緊張が解けなかった。

もう一つ、同じようなことで、二階建てのヤクザの家に菓子折り持参で失礼を詫びに乗り込んだことがある。筆者三十五歳ごろ、通されて二階に上がり、大きなテーブルを挟んで奥に親分、周りに七〜八名の子分が座っていた。私は、親分の正面に座った。卓上には、沢山の和綴じの証文が繰り広げてあった。十五分ほど話し合って、ようやく折り合いがついた。そして立ち去ろうとしたとき、代貸らしい人物が、インスタントコーヒーを紙コップに淹れて出してくれた。長居は無用と思い、一気にそれを呑んだところ、咽《むせ》かえって、口からそのまま大量に霧吹きのようにコーヒーを吹き出し、拡げられていた沢山の和紙の書類が見る間に茶色に染みた。万事休すと思ってへたりこんだ。詫び切れるものではない。

すると、代貸が気の毒がったか、「兄ちゃん、もう帰ってええ。帰ってええ。」と助け舟を出してくれたのである。しかし、立とうとしたが腰が抜けて立てない。すると子分たちが私の両脇を抱えて立たせ、階段の際まで連れて行ってくれた。どうやって階段を降りたか記憶がない。

一九九三年東京サミット（G7先進国首脳会議）時の調査を受注

サミット開催に向けて、当時の宮沢喜一総理が日本の対米貿易黒字を削減する案として、通産省（現経済産業省）所管で、米国の輸出業者向けに、日本の輸入業者のデータベース（パソコンでアクセス可能な名簿。何を取り扱っているか、価格は幾らぐらいか、注文方法、連絡先など）を作成することになった。ブラジル時代の田中秀幸氏のブラジルJETROとの人脈で受注できた。

当時、私は、大阪支社長から東京本社に転勤して、事業開発部長であった。全国の主要都市にある日本の輸入業者の悉皆《しっかい》調査である。多額の予算がついたが、短期間で完成させなければならず、困難が予想された。どこの調査会社も尻込みしたが、私には大阪時代の経験から自信があった。億単位の予算だったが、調査対象企業約五万社のうち、当社が半分を引き受け（他の数社は各三千〜五千社）、結果的に当社が他社よりはるかに早く、正確に仕上げて納品した。その後、他社から泣きつかれて、陰で、有料で手伝ってあげた。大変な仕事ではあったが、短期間で当社は大いに潤ったものである。

ブラジル日系社会を支援する

NPO法人「NGOブラジル人労働者支援センター」

一九九〇年、入管法が改正され、日本に働きに来る南米（ブラジルやペルー等）の日系人労働者（出稼ぎ）が増え続け（当時のピーク時約四十万）、言葉や文化、生活習慣も違う中で、多くの者が日常生活の問題、とくに労働問題に直面していた。思えば彼らは、私たちが学生時代に海外移住啓蒙活動を行った影響をそれなりに受けて移民した日本人の子孫でもある。

二〇〇三年、勤務先の綜研グループ役員を退任、早大移住研OBで後輩の田中秀幸君らと共に、在日ブラジル人及び彼等のルーツである母国ブラジルの日系社会支援活動を開始した。昔覚えたポルトガル語を使い、対応した。

微力ながら、モットーは「親身・二十四時間・無償・迅速・徹底解決・ポルトガル語対応」。暴力団風の派遣会社の不当労働行為と徹底対決し、派遣法違反で営業資格停止、免許剝奪、解散に追い込んだ時は、派遣会社から刺客を差し向けられたこともあったが、出稼ぎには頼りにされた。

二〇〇八年、ブラジル日本移民百周年を機に、在伯・在日の早大移住研究会ＯＢ等の多くの仲間と共に、ＮＰＯ法人「ＮＧＯブラジル人労働者支援センター」を設立（後、認定ＮＰＯ法人）、理事長として鋭意活動を続けた。活動内容は、在日ブラジル人労働者（ブラジル人、ペルー人等ラテンアメリカ出身の日系人や、彼等を介した同じ職場の日本人含む）支援が主であったが、振り返れば、帰国支援事業を含むリーマンショック時の混乱を乗り切ったことは、忘れられない活動の一つであった。

また、在日ブラジル人学校支援は、早稲田・慶応・上智大学・京都外大等の学生ボランティアを率い、学校を訪問して活動した。群馬県や茨城県に所在する幾つかのブラジル人学校（ブラジル政府・教育省認可校）の生徒に対して運動会等の各種イベントを仕掛け開催したりしたが、もっとも力を注いだのは個々の生徒の

「NGO ブラジル人労働者支援センター」のマーク

将来の夢を聞き取り、その実現に向けて情報提供し、寄り添う活動であった。

NPO法人でのさまざまな支援の事例から

奴隷扱いされた女性の変身

奴隷扱いされた女性（埼玉県鴻巣市、女性四十七歳）を救済した経験がある。

3K（きつい、汚い、危険）な仕事を続けて約七年。地下の水浸しの床で長靴を履いての作業で、神経痛を病んでいた。誰もが嫌がる職場で、他のブラジル人は作業を交替してもらえるが、自分は工場の担当者に嫌われ、いじめられていて、長年同じ場所で奴隷のように働かされていたという。ある冬の時期、出勤時担当者にホースで水をかけられたため、我慢できず抗議をしたらクビになったという相談を受けた。雇用保険も社会保険も加入してないし、有給休暇ももらったことがない。辞めてすぐブラジルに帰りたいが、病気の治療代や帰国費用等金三十万円くらいを払って欲しいという相談だった。

老婆で、見るからに病人のような暗い沈んだ顔で来所。肉体的にも精神的にも参っているらしく、〝奴隷扱い〟されていたことが頷ける。

余りに可哀想なので、工場の責任者と派遣会社の社長に猛烈抗議。会社の弁護士が出て来たので、当方の顧問弁護士が対応し、「このまま帰国させれば本人がブラジル・サンパウロの日本領事館に訴え出る可能性が大である。誠意を見せて欲しい」と要望したところ、三日後に、何と金三百万円を弁護士の口座に振り込んできた。本人から感激して礼の電話が入ったことは言うまでもない。

しかし、われわれがもっとも驚いたことは、その半年後である。ある日突然、つば広の帽子を被ったファッションモデルのような、若くてきれいな女性がひょっこり事務所を訪ねてきた。その女性が、あの奴隷扱いを受けて苦しい表情を見せて助けを求めて来た同じ女性とは、誰も気が付かない。ニコニコ笑って菓子折りを出して、名を名乗ってやっと思い出した。聞けばその後彼女は、病院で療養をして、元気を回復、お母さんへの土産を沢山買ってブラジルに帰国する直前だった。お礼の挨拶に現れたのである。あの老婆が、このような若い美人に変身するとは。精神的なものが、かくも人間を変えることを知り、驚いた。今でも忘れられない、スタッフ一同の思いである。

ペルー人夫婦への半年分の給料不払い

二〇〇四年十月、日本に働きに来て約半年の埼玉県在住のペルー人夫婦が、「過去半年ほど働いた分の給料と残業代、合わせて約一五〇〇万円を支払ってもらえない」とのことで、川口労働基準監督署に訴え出た。呼び出しを受けた雇用主の社長は、本人達が給料から各自・毎月十万円を前借していたと主張、証拠として社長が勝手に作った嘘の前借り（前貸し）記録帳（ノート）を提出していた。

同監督署で会議が開催された。出席者は同監督署の監督官（女性）、社長、ペルー人夫婦と、ＮＰＯ法人を代表して筆者、の計五名だった。筆者は事前に川口警察署の知能犯係に相談をしていて、担当者から「今日は署内にいるので、いつでも社長を連れてきて良い」と言われていた。会議は監督官を挟んで、社長と全面対決の場となった。筆者は社長に対し、拳《こぶし》でテーブルを「ドン」と叩いて迫り、「一時間以内に全額をこの場で現金でペルー人夫婦に払うか、でなければ今から川口警察署に同行するか、どちらにするか」と返答を迫った。すると社長は、「一時間半以内に現金を用意するから、待っていて欲しい」と懇願。一時間半後に現金持参で我々の前に現れ、ペルー人夫婦に全額手渡して解決した。

本人達はびっくりして大変喜んだが、もっと喜んだのは監督官だった。

会社に通じていた労基署職員

Ｋ市の労働基準監督署（ハローワークとかけ持ち）には、ＭＭさんとＨＦさんという二人のブラジル人女性通訳がいる。うちＭＭさんが〝会社側に通じていて、相談に行くのは危険〟という噂がブラジル人の間で拡がっていて、これまでも当方に数回、苦情が寄せられていた。労働基準監督署に相談に行くと、何故かその日のうちに相談内容が相談者の雇用主に伝わっているという。MMさんが複数の会社のブラジル人担当者と「親しい」関係（金銭が少なからず動いている）にあるからという。

早速、監督署及び労働局に情報提供をして、善処するよう申し入れたが、労働局は「あり得ない。証拠もない」と反論するばかり。

厚生労働省本省の担当部局に数回厳重に注意を促した約半年後に、その通訳はやっと相談窓口から姿を消した。

入管職員の弱い者いじめ

名古屋在住の在日ペルー人男性（三十代）からの相談。

名古屋の入管でビザの更新をしてもらえない、理由は「市民税の滞納がある」と。「多額で払えないから、入管に同行して欲しい」という。調べると、確かに相当額の滞納があった。そこで市に相談し、長期の分割払いにしてもらい、その上で本人を伴い、入管に行った。分割払いで合意していることを説明し、ビザ更新の許可を得て、解決した。

事務手続きを終えてビルの玄関を出たところ、多くのペルー人が通路の両脇に並んで、私に拍手をしていた。その意味が分からず、相談者のペルー人に尋ねたところ、入管の若い職員はいつも相談室で、机の上に両足を投げ出して大声で自分たちを怒鳴りつける、と。非常に恐かったが、今日は逆で、はじめて低姿勢な様子を見て溜飲が下がって皆喜んでいるのだと。まさに弱い者いじめだった。

給料未払いのまま会社がビザ更新をしてくれないベトナム人

罪を犯して国外退去処分に付され、東京入国管理局に収容中の、日本語が話せるブラジル人から電話相談があった。同じく収監されていて日本語が話せないベトナム人（東京都品川区、男性、二十五歳）の悩みごとを、やはり収監中の日本語が分かるベトナム人を介しての相談だという。

栃木県の会社に勤め、会社がなかなかビザ更新をしてくれず、期限切れ。その翌日、会社がそのベトナム人を不法滞在で警察に通報、入管に強制収容された。会社の社長が預かっていたこれまでの自分の給料約七十万円を受け取っていない、何とか払って欲しいという。

そこで、法務省本省入管局に人権問題として通報した。会社名と住所を知らせ、退去処分前の給料受取り実現に協力してほしい、と依頼した。協力を得て、収容所内の警備員に連絡し、警備員がこのブラジル人を通じて会社に連絡、事情を質《ただ》した。

すると、当夜中に社長が給料の半額を持参してきて、翌日に残り半額を持参して、解決。ブラジル人から「ベトナム人から深く感謝された」との報告があった。

サンパウロ社会福祉法人救済会「憩の園」（及び同在日協力会）を支援

ブラジル日系社会の支援活動にも力を注いだ。本書Ⅰの「母を支えて」に述べたとおり、戦後窮乏する日本国民を「ララ物資」で救援してくれた同救済会が運営する、日系高齢者施設「憩の園」の支援である。この救済会は、一九四九年に筆者の母が、「ララ物資」への礼状を書いた先で、ブラジル日系社会においてララ物資募集・梱包・配送を実施した主体であった。ささやかな恩返しができたことを、嬉しく思っている。

同救済会の理事で、運営の日本人トップは、私たちと親しい相田祐弘氏（当時ブラジル稲門会［早稲田大学校友会］会長）であった。ブラジルを訪問する皇室の方々や要人、芸能人（歌手等）は、必ず同園を慰問に訪れたが、氏が全て接遇されていた。

相田祐弘氏は、早稲田大学理工学部建築学科を卒業されたが、在学中の一九五二年に仲間とともにサンパウロ・ビエンナーレ展・学生コンクール部門で優勝、その後その仲間とともにブラジルに移住して設計事務所を経営されたという方で、当NPO法人の相談役である。

なお、二〇一八年十一月、「憩の園」支援の一環として、私たちが、同園を日本の公益財団法人社会貢献支援財団（元安倍総理夫人・安倍昭恵会長）及び日本財団に対し表彰を推薦、その結果、私たちともども受賞するという経緯があった。受賞訪日時、私と相田氏は、早稲田大学理工学術

「憩の園」訪問、2012年9月

右が筆者。左は相田祐弘氏（ブラジル稲門会長、サンパウロ社会福祉法人救済会副会長、当方相談役）ご夫妻。右から2人目は石井千秋氏、早稲田大学海外移住研究会OBで筆者と同期、柔道家でミュンヘン・オリンピック大会でブラジル柔道界に初のメダル（銅）をもたらした

院教授・国吉ニルソン氏（日系ブラジル人三世）の案内で、早大総長に新任したばかりの田中愛治氏を表敬訪問した。

「日伯学園」建設構想を支援

「日伯学園」建設構想とは、日系人が経営する複数の私立の日系の学校を統合して「日伯学園」とし、日本政府が関わりをもって、将来にわたり、日本文化・日本語をブラジルで発展・継承させる構想である。現在、現地での構想実現推進者（一世）の高齢化、コロナ禍等で、残念ながら実現の見通しは、明るくない。安倍晋三元総理大臣に提言し、協力の意向を示す書簡を頂

公益法人社会貢献財団・日本財団より社会貢献者として表彰される

右から相田祐弘氏（サンパウロの社会福祉法人救済会（「憩の園」運営）常務理事、ララ物資募集救済会経営）、安倍昭恵氏（同財団会長、安倍晋三元総理夫人、筆者、筆者兄の加藤精也（母の写真を手に）。2018 年 11 月

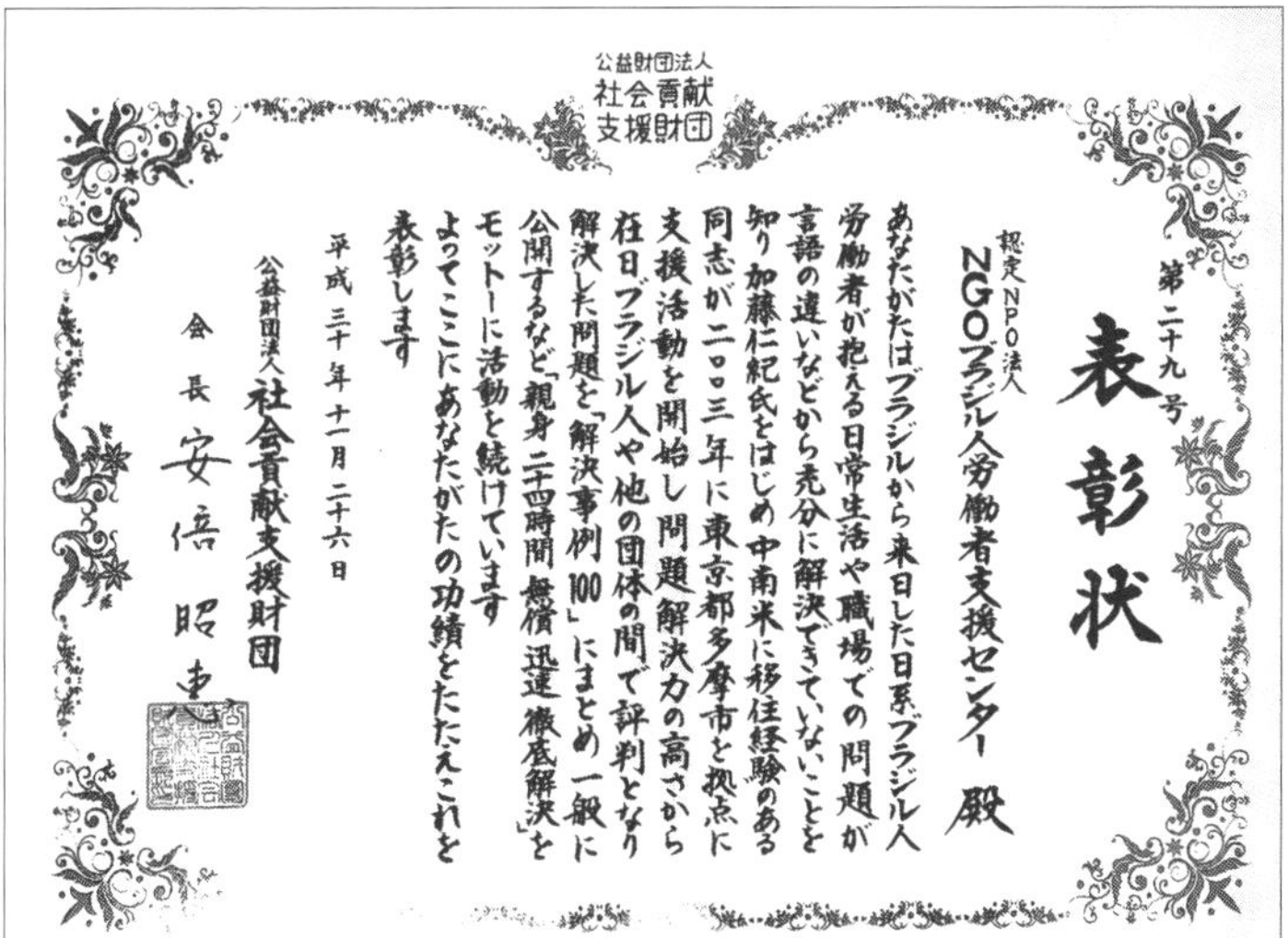
公益財団法人
社会貢献支援財団

第二十九号

表彰状

認定NPO法人
NGOブラジル人労働者支援センター 殿

あなたがたはブラジルから来日した日系ブラジル人労働者が抱える日常生活や職場での問題が言語の違いなどから充分に解決できていないことを知り加藤仁紀氏をはじめ中南米に移住経験のある同志が二〇〇三年に東京都多摩市を拠点に支援活動を開始し問題解決力の高さから在日ブラジル人や他の団体の間で評判となり解決した問題を「解決事例100」にまとめ一般に公開するなど「親身 二十四時間 無償 迅速 徹底解決」をモットーに活動を続けています
よってここにあなたがたの功績をたたえこれを表彰します

平成三十年十一月二十六日

公益財団法人社会貢献支援財団
会長 安倍昭恵

戴していたが、凶弾に倒れられ、慚愧に堪えない。
令和二年（二〇二〇）、安倍元総理に次のようなお手紙を差し上げたところ、写真で掲げるような懇切なご返信を頂いていたのである。

〈安倍晋三元総理への手紙〉

拝啓　長きに渡り国家国民のために並々ならぬご尽力を賜り、一国民として心から敬意を表し、厚く御礼申し上げます。ご病気のこと心からお見舞い申し上げます。しばらくはご静養専一になされ、体調のご回復に専念して頂きたいと思います。そしてご回復の暁には、機会を得て必ず復権を果たしていただきたいと心から願っております。悲願の憲法改正は閣下をおいてなし得るリーダーはいないと思います。いずれ時を得て不退転の決意で取り組んで頂きたいと思います。

ところで私は、二〇一六年六月に、当時の官房副長官萩生田光一先生を通じ、ブラジルに「日伯学園」を建設する構想を閣下に提言し、ご了解を得た「ＮＧＯブラジル人労働者支援センター」理事長の加藤仁紀と申します。現在同構想は二〇一八年六月のブラジル日本移民百周年記念祭実行委員長菊地義治氏（眞子様歓迎責任者、旭日単光章叙勲）が日系社会の取りまとめのため、尽力されております。お祖父様の岸信介元総理は日本の総理大臣として初めて

拝啓

紅葉の候、ご清祥にてご活躍の事とお慶び申し上げます。

先日は、お手紙を有難うございました。

貴兄は、ブラジルでの「日伯学園」構想にご尽力され、現在は、菊地義治氏に引き継がれたとの事を伺いました。祖父の岸信介もそうでしたが、私も中南米における日系社会との関係、絆を大切にしなければならないと考えてきました。今後とも、日系社会の存続と発展を支えてまいりたいと思います。

私は七年八か月、内閣総理大臣として政策を実行し結果を出す為に、全身全霊を傾けてまいりました。幸い、新しい薬の効果があり、順調に回復してきております。

今後は一議員として新体制を支えてまいります。

コロナ渦中、一層のご自愛専一の程を祈念し、お礼のご挨拶を申し上げます。

敬具

令和2年10月26日

貴兄の益々の御健勝を御祈りします

安倍晋三

NGOブラジル労働者支援センター

理事長　加藤　仁紀　様

安倍晋三元総理からの手紙

中南米を訪れ、閣下も二度ブラジルを訪問され、日系社会は閣下に強く心を寄せております。中南米の日系社会の存続と発展は閣下のレガシーです。今後ともそれをお忘れなくお力添えをいただきたくお願い申し上げます。菊地氏は日伯学園の実現の目途が着き次第閣下にご挨拶のため、お目にかかりたいという希望を持っております。その節はぜひともよろしくお願い申し上げます。念のため当時の提言書の写しを同封させて頂きます。当時と多少状況が変化していますが、基本的な考えは変わっておりませんのでご理解のほどよろしくお願い致します。

　本日は昭恵夫人にお手紙を差し上げる機会を得ましたので不躾ながら閣下宛に

も本書簡を同封させていただきました。ご無礼をお許し下さいますようお願い申し上げます。
末筆ながら閣下のご本復を心より祈念致します。
認定NPO法人NGOブラジル人労働者支援センター理事長　加藤仁紀

ドイツ、イタリア、スペイン等は、母国政府・出先機関・駐伯商工会議所・大学が相互に協力して、在ブラジルの自国系学校を支援し、名門進学校に育成、卒業生を母国の大学に留学させるなど、人材面で大国ブラジルとの関係を強化している。日本の政府は残念ながらそこまで至っていない。いずれ是非支援をお願いしたい。

日系の有力校として、外務省のホームページでも紹介されているのが、サンパウロ州のサンベルナルド・ド・カンポ市に所在する進学校（幼小中高等学校、非日系人含め児童生徒数約三五〇人）、私立「アルモニア学園」である。

戦後、日本移民が、故国に帰る夢を諦め、ブラジルで生きるため、篤志家たちが当地に寮を作って、地方の子弟の教育に力を注いだ。この寮が発展して、現在この学校になっている。ブラジルの正規の授業に加えて、日本文化・日本語を教える授業を行い、JICAも日本の教師を常時派遣して支援している。

私たちも微力ながら同学園支援のため、当校に毎年二名（早稲田・上智・京都外大の学生の中から）

を約一ヶ月、当学園に研修派遣して、数年が経過した。学園にも学生にも大変好評であったが、現在コロナ禍で中断しており、早期の復活を願っている。派遣された日本の学生が、日本のアニメの製作過程をスライドで用意、授業で紹介した時は、感激して涙を流した生徒もいたという。

ブラジルの日系移住地「ラーモス」――「私の町ラーモス」

ラーモス移住地は、一九六四年四月九日、最初の入植者八家族五十名が入植したＪＩＣＡ開発の日系移住地で、ブラジル南部サンタカタリーナ州クリチバーノス市、フレイ・ロジェリオ市に所在する。ブラジルには珍しく自然豊かで、四季があると言われている。果樹やニンニク等の栽培が盛ん。初期入植者に剣道の師範達がいて、ブラジルでは現在も伝統的に剣道の盛んな土地柄として知られている。世界選手権のブラジル代表として当地の二世が出場、好成績を収めている。日本文化（剣道、茶道、書道、和菓子作り、日本語学校、長崎平和の鐘公園等）の伝統を守り、ブラジルの国内外にそれを発信している。毎年九月には桜祭りがあり、大勢の観光客で賑わう。かってはブラジル稲門会や早大移住研ＯＢによる「早稲田りんご村」（ＯＢ関係者が出資）があった関係で、私たちも彼の地を訪問するなど、同移住地と長年の交流がある。

彼の地に「私の町ラーモス」という歌が長く歌い継がれている。一九八一年頃、世界各地の日本人学校や日本企業からＮＨＫに対して校歌や社歌を作って欲しいという要望が寄せられたこと

私の町　ラーモス

作詩　本田清香
補作　山口洋子
作曲　神津善行

一　わたしの町は　ラーモス
みどりのなかに
ひとつ　とても大事な　ものがある
それは何でしょう
　それは何でしょう
好きな学校と　お友達

……

があるらしい。これを受けて、当時日本の著名な作詞・作曲家十数名がボランティアで協力して歌を贈る運動が起こり、NHKが詩を募集したことがあった。当地から当時中学生だった本田清香さんが「私の町ラーモス」を作詞して応募。これを作詞家・故山口洋子氏が補作し、作曲家の神津善行《こうづよしゆき》氏が曲をつけ、デューク・エイセスが歌って、見事グランプリを受賞。東京で表彰された経緯がある。

　爾来ラーモスでは、三十余年にわたりこの曲が歌い続けられてきたが、楽譜は残っていなかった。移住開始五十周年を記念

ラーモス移住地の 2025 年新年会の集合写真

してこの楽譜を探すことになり、私たちに楽譜探しを依頼してきたことがある。私たちは、神津氏と接触することができ、事情を話し協力を求めた。すると神津氏はこの歌のことを良く覚えていて、「ラーモスはブラジルのどこに所在するのか、あの歌は一体どうなったか、とても気になっていた」ということで、大変驚かれ、かつ喜ばれた。そして氏が調べた結果、その歌のスケッチの段階での楽譜を見つけたので、改めて楽譜を起こして提供すると約束された。ラーモス側が大歓迎したことは言うまでもない。

同時に二〇一三年六月初め、神津氏と清香さんの三二年振りの対面が東京で果たされた。時事通信社がこれを取材、記事として全国に配信。楽譜は現在、当地の文化会館、法隆寺夢殿を模した「八角堂」という和風の大きな建物の入口に飾られている。

ラーモス移住地「鎮守の杜」の大鳥居

早稲田大学海外移住研究会の有志名で奉納した大鳥居（題字は書家・吉村東琴氏）

ラーモスの「鎮守の杜」構想

ラーモス移住地は、二〇二四年で開発六十周年を迎え、その記念事業として、この地の丘陵・自然の森の中に「鎮守の杜《もり》」を建設する構想が持ち上がった。早大移住研ＯＢの先輩、近藤博之氏等が発想し、元ラーモス日本文化協会会長・尾中弘孝氏が同構想の実現を推進、手始めに丘陵の麓から「千本鳥居」と三本の「大鳥居」が建立された。筆者も学生時代に所属した早稲田大学海外移住研究会も有志名で大鳥居一本を奉納・寄贈した。そして二〇二四年九月一日の当地の〝桜祭り〟でお披露目された。当方の仲介で、尾中氏は出雲大社相模分祠（神奈川県秦野市）の草山清和宮司のお世話で、出雲大社（島根）で修行の機会を得て、神職資格を得ている。「鎮守の杜」構想の実現に協力し、見守りたい。

日本移民が遺した書籍類の収集と保管

日本移民がブラジル等で書き残した貴重な書籍類が多くある。しかし、時とともに日本語を理解する日系人が少なくなっている。家族の会話もポルトガル語になっているから止むを得ない。こういう状況の中で、文化遺産ともいうべき、ブラジル及び中南米の日本移民が遺した貴重な資料が年々散逸している。

私たちは、これらの資料を収集し、将来の移民研究に役立てたいと考え、国立国会図書館や早稲田大学図書館に既に多くの書籍を寄贈・納本している。最近では、香山《かやま》栄一氏（一九二五—二〇一六。一九三三年にサンパウロに入植）によるブラジルの「香山文庫」を所蔵する主宰者・吉田恭子氏からの依頼で、数年の時間を要したが、三百冊以上の書籍（外国人が遺した移民関係書籍も含む）を早稲田大学図書館に納本、各方面から歓迎された。早稲田大学創設者・大隈重信侯は、初代日本移民協会会頭であったとのことで、納本を歓迎してくれていると思いたい。

最後の活動——サンパウロ邦字新聞

以下は、NPO解散前日（二〇二〇年十一月二十九日）の最後の著者の活動が、たまたまブラジル唯一の邦字新聞（サンパウロのニッケイ新聞、現ブラジル情報社）に取り上げられた記事（二〇二一年一月十九日付）である。

「日系社会　「日伯連帯研究所」が発足——コロナ禍で苦しむ在日伯人支援など

認定NPO法人NGOブラジル人労働者支援センター（東京都多摩市所在、加藤仁紀理事長）は昨年の十一月三十日解散し、新たに日伯連帯研究所（ONG Trabras、東京都多摩市所在、加藤仁紀代表）が十二月一日に発足した。

解散前日の二十九日にも、首都圏内で美容室を経営していたブラジル人女性（五十代、日系三世）が中小企業庁の「持続化給付金」で要件を満たす個人事業者に対し給付する百万円を申請するために都内のサポートセンターまで同行し支援した。

女性はコロナ禍で収入が激減して美容室を廃業。その後、介護施設に就労するが重労働と二ヶ月ほぼ無休勤務で椎間板ヘルニアとなり解雇されてしまい、生活が困窮。十一月半ば頃に前身団体へメールで生活保護の相談を持ちかけていた。

加藤代表によると「給付金の申請と受付はオンライン。日本人でも苦労する人は少なくない」と女性も以前申請を試みたが失敗している経緯を説明し、「外国人はこのサポートセンターの存在自体知らないか、知っていても電話で予約を取り会場に行ける人は少ない。必要書類を完全に整えることも結構難しいのでは」と加えて指摘する。

給付金を受けた後も生活困難が予想されることから、女性の住むところが決まり次第、介護施設の勤務実態を確認し、場合によっては労災申請させる検討をするという。

こういった支援は通例、ブラジル人支援団体や労働組合などでも解決額の十%程度の手数料及び通訳代をとっているものだが、同団体では受け取っていない。ブラジルからの就労や生活の相談を無料で受けてきた。

前身団体は、加藤理事長を初めとする早稲田大学海外移住研究会の南米移住経験者や在住者のOB・OGを中心にして、二〇〇三年に東京都で発足した。在日伯人労働者支援や日伯交流活動、ブラジル日本移民の出版物を国立国会図書館や大学図書館へ収納する活動を行ってきた。

一方で役員の高齢化が進み、従来の活動が継続困難との判断に至り解散する事となったという。また、在日伯人の労働問題も各地でコミュニティーが誕生したことで大きく安定し、三〇年前と比較すると相談件数も減少傾向にあるという。

とはいえ昨年から続くコロナ禍で雇用関係が急激に悪化している事から、「今後もボランティアとして相談活動への注力は継続していく」という方針だ。新団体で新たなメンバーを加え、将来的には「日伯連帯」を旨に、日系人と日本人の連帯や日伯交流を重点に移していく方針だ。

このほか、日伯両国の児童生徒が共に学べるという「日伯学園」のサポートも活動に含まれており、「日本政府も末永き日伯関係の絆作りのために強く期待する構想」と説明し「日系社会のご協力を心から願っている」と加藤代表は熱く語った。」

なお、ブラジル等の日系人は日伯両国の懸け橋として貴重な存在であることは言うまでもない。互いに連帯する精神こそが交流の基盤である。

NPOを解散し、日伯連帯研究所へ

「日伯連帯研究所」

二〇二〇年十一月三十日、認定NPO法人「NGOブラジル人労働者支援センター」を解散した。理由は、早大移住研OBの同志等で設立・運営して来たが、我々役員の高齢化である。

在日ブラジル人支援活動は、容易ではない。労働問題等に関わる法的知識が必要、三百六十五日・二十四時間対応・無償・迅速・徹底解決の実行、ポルトガル語の理解が必要で、時には身体も張らなければならない。加えて資金の調達が楽ではない。労働問題解決のためには、大企業・中小企業・派遣会社等との対決が付きまとう。時には彼等から資金提供の申し出もあったが、弱みになるので、受け入れるわけには行かない。

ブラジル日系社会支援のためには、若い頃の我々の移民生活経験も生きて、同社会との密接な人的関係があったことは幸いした。これらを若い後継者に託すことは到底無理だったため、当初から一代かぎりのNPO法人であった。

解散後は、同志とともに「日伯連帯研究所ONG Trabras（オンギ・トゥラブラス）」を設立、現在も可能な範囲で、NPO法人の活動内容を継続している。

母校の早稲田大学で講義の前。2013年

大学等での講義活動

私は辛うじて早稲田大学を四年で卒業した劣等生であったが、ＮＰＯ活動に関して母校の「早稲田大学平山郁夫記念ボランティアセンター（ＷＡＶＯＣ）」でボランティア活動に関する授業で数年間講師を務めた。まことに面映ゆいという他ない。

また、幾つかの大学等から社会学部関係のゼミの講習も度々依頼された。公益財団法人海外日系人協会や「横浜命の電話ＬＡＬ（ラテンアメリカ人対応）」での講演活動にも協力した。

仲間への感謝

大小及び直接・間接を問わず、支援活動にご協力いただいた早大移住研ＯＢ・ＯＧ、ブラジル稲門会、認定ＮＰＯ法人「ＮＧＯブラジル人労働者支援センター」役員、日伯連帯研究所ＯＮＧ Ｔｒａｂｒａｓ役員、そして日本学生海外移住連盟（学移連）ＯＢ会の皆様に、感謝申し上げたい。

なお、終始一貫活動を共にしてくれた大学の一年後輩、田中秀幸君について触れたい。彼は頭脳明晰で、学生時代から筆者と常に活動を共にしてきた。私の後を追うようにブラジル移住・南米銀行に勤務。退行後はサンパウロにおいてマーケティング・リサーチ事業で独立自営。綜研と合同でラテンアメリカ情報社を設立。同君は、情報収集に長け、ブラジルの日本貿易振興機構（ブ

NGO ブラジル人労働者支援センターのメンバーと

左から岡本健一氏、田中秀幸氏、筆者、和美カルミンダ氏、福本オスカル氏。2010 年 7 月

ラジルJETRO)、及び同機構を通じたブラジル進出日系大手企業の市場調査、とくにフィージビリティ調査業務に貢献。JETRO関係の調査結果は、現在もJETROライブラリー(図書室)に所蔵されている。

その後、体調を壊して日本に帰国、筆者とともにNPO法人設立・運営を推進するなど、終生活動を共にしてくれた。現在病床に臥せっているが、感謝に堪えない。魅力的な人柄は天与の才で、心から敬意を表したい。前記通産省のデータベース作りの仕事は、同君のサンパウロJETRO(当時通産省所管)時代の人脈に因るものであった。

その他NPO法人の役員として共に活動した、早大移住研OBで後輩の横内正毅君(元

ＹＫＫイタリア社長)、岡本健一君(元日商岩井部長、早大移住研究稲門会会長、日本学生海外移住連盟ＯＢ会幹事長)、監事・吉村善智君(水産商社㈱「ウミマール」設立、渋谷区円山町花街復活支援活動)、ブラジル連邦大学卒の和美カルミンダ氏(ブラジル人弁護士)、及び建築士(日本の保育士資格取得)・山本フレイタス・メリジャーマ氏、早大理工学術院教授国吉ニルソン氏(サンパウロ州立大学工学部卒業)にも感謝申し上げたい。

いま、人生をふりかえって

筆者の人生を俯瞰すると、紆余曲折というか、流転というか、挫折の繰り返しというか、言い換えれば〝ターニングポイント〟が少なからずあった。

「満洲引揚げ中の父の死」を原点に、以後「医道の断念」、「六〇年安保闘争」、「ブラジル移住・帰国」、「市場調査統計会社勤務」、「在日ブラジル人等外国人支援」、「ブラジル日系社会支援」……とまことに一貫せず、一生懸命もがいて来た、という実感がある。

しかし、満洲で幼心に抱いた「父の死を無にしない、させない」という使命感は貫いてきたつもりであるし、その思いが人生のエネルギー源になっていたと思う。そしてこの思いこそが、本書の出版に繋がったと言えるかも知れない。

仙台の小学一年生の遠足で近くの東照宮に行った時、大鳥居の前で撮った記念の集合写真が手

仙台市立北六番町小学校１年の遠足
近くの東照宮。1947 年 5 月。中列中央が筆者

元にある。引揚げ直後に入学した筆者が、まさに引揚げ者然とした風貌で正面を睨んでいる。ただ一人、ツバの破れかけた戦闘帽を被り、国防色の軍服を仕立て直した服装、水筒やおにぎり袋をたすき掛けにして立っている表情は頗《すこぶ》る硬い。まさに引揚げという、未だ戦闘中のスタイルと表情である。しかし、この見かけよりも内心に背負った〝満洲〟といういわば戦時の背《はい》囊《のう》こそがさらに重く、生涯双肩に圧しかかっていたという他ない。

その点ではこの出版によって背嚢を下ろすことができ、ようやく解放された感があり、今は生涯ではじめて安堵感を覚えている。

二　ブラジルから見た日本

つい先頃まで、経済大国ＢＲＩＣｓの一員として脚光を浴びていたブラジルであるが、その後は南米大陸初のリオ・オリンピック大会開催（二〇一六年）を目前にして資源価格の下落による経済の低迷、石油公社汚職や国家会計粉飾疑惑による大統領の職務停止で、政情も非常に混迷している。

しかし、ブラジルが大国であることに変わりはない。日本の二二・五倍という広大な国土、若年層が多い二億の人口、豊富な資源、経済力、技術力、民主主義国家で近隣諸国との紛争もなく、ラテンアメリカ三三ヶ国の歴とした盟主である。

そしてありがたいことに親日国である。二〇〇八年にはブラジル日本移民百周年を迎えるが、「ブラジルから見た日本」の印象は、この日本移民、とくに戦前に渡伯した一世を通じてブラジル人に培われたと言ってよい。日系人の信頼は厚く、現地で〝ジャポネース・ガランチード〟（日本人は保証付き、信頼できる）と称されている。

ブラジル・フォルクスワーゲン社の販売広告に、日系人農場主がＶＷ車で農産物を運ぶ姿が雑誌の広告に掲載される。働き者で信頼できる日系人が買う車だから最高のもの、という意味の宣伝である。

「ブラジルから見た日本」では、そのイメージを形成するもとになった両国民の出会い、日本移民が多大な貢献を果たした農業開拓、その後の両国間の交流等についてふれてみたい。

ブラジル人が初めて見た日本人の印象

第一回ブラジル日本移民（七八一人）は、一九〇八年（明治四十一年）六月十八日に「笠戸丸《かさとまる》」でサントス港に着いた。ブラジル人が、地球の反対側から来た日本人を見たのは、このときが初めてと言ってよい。

ブラジルはその二十年前（一八八八年）に奴隷制度が廃止され、コーヒー農園での働き手がなくなり、いわば奴隷代わりに受け入れられたと言われる日本移民。上陸した移民がブラジル国民に与えた印象は、大変な驚きだったようである。当時、その様子を目の当たりにしたブラジルの新聞『コレイオ・パウリスターノ』のソブラード記者は、次のような記事を残している。

「清潔で規律正しいことや従順な態度、日本民族は実に好ましき人種、将来サンパウロ州の産業は日本人に負うところ大であろう」、「税関吏の語るところによると、このような多数の移民が秩序よく、その手荷物の検査を受け、一人として隠す者がなかったことは、いまだかつて見なかったところである」、「彼らは熱心にわが国の言葉を学ぼうとしており、また食堂では一粒の飯粒、一滴の汁をも床の上に落としたものも認めることができないほど用意周到で、食堂の床は食後でも清潔を保ち、食前と少しも変わらない」と絶賛している（内山勝男著『蒼氓の九二年――ブラジル移民の記録』東京新聞出版局）。

その記者が喝破したとおり、その後、彼らはサンパウロ州のみならずブラジル全土の発展に目覚ましい働きを見せるのである。

日本移民による農業開拓

日本移民は、日本人の特質とも言うべき、勤勉、誠実、団結、協力、秩序、調和、教育熱心、創意工夫、旺盛な科学的探求心等の精神を、ブラジルでいかんなく発揮し、農業開拓を行い、苦心惨憺の末、ブラジルを農産物の輸入国から輸出大国とするに到った。産業組合を組織し、大豆・米・綿花・花卉《かき》類、野菜や果物の生産・販売に関わり、野菜を食べる習慣が乏しかった国民に豊富な野菜・果物類を供給、国民の食生活の改善、健康増進に寄与し、ブラジル人の生活・文化に大きな影響を与えたのである。

近年（二〇一一年）も、日系人は、パラ州トメアス移住地で森林農業（アグロフォレストリー）と言われる農法を開発、収穫期が異なる様々な作物を植えた森のような農地作りに成功した。これを当時のルラ大統領が、議会で行われた表彰式で「農業を通じてアマゾンの森を再生するという偉業は、ジャポネースだからこそできた」と入植者を賞賛している。

なお、一九七八年から約二〇年をかけて日伯協力で成し遂げた「セラード開発」（不毛の地とされていた熱帯サバンナ地域の農地化）で、ブラジルの大豆生産量を米国並に引き上げ、ブラジルを大豆やとうもろこしや小麦、米等穀物類の大輸出国に変貌させたことも、語り草となっている。

東日本大震災に遭遇した日本人——宮尾進さんからのメッセージ

二〇一一年の東日本大震災直後に、元サンパウロ人文科学研究所長・宮尾進氏（在サンパウロ、ブラジル日系社会研究の第一人者、日伯学園建設構想提唱者、二〇一三年春叙勲受賞者）から当方に対し、「日伯学園建設こそ移民百周年記念事業の本命」（『人文研紀要Ⅵ』サンパウロ人文科学研究所、二〇〇五年十一月）という論文と共に、次のようなメッセージが寄せられた。

東北大震災のことですが、当地でも幾日にもわたって報道され、特にテレビニュースなどは、この大災害にあっての日本国民の冷静、沈着な行動を、とてもブラジルでは信じられないこととくりかえし、報じておりました。事実、今年ブラジルでは各地で大出水が見られ、水害の模様がニュースで報じられていましたが、それに伴う被害者のスーパーの戸を破っての食品の略奪など、あたり前のように報じられていますので、そうした事態がまったく見られなかった日本の状況は〝信じられない〟とアナウンサー自身が何度も何度もくりかえし言うほどの、日本国民の行動をブラジル人は驚嘆の眼で見ております。私たちが日伯学園を通してブラジル国民の中に浸透させて行きたいと願っているのは、それこそ、日本移民世代が身につけて来たこうした協力一致・沈着冷静な行動など、日本文化のすぐれた資質なのです。今回の大地震は日本の人たちにとっては、かつてない不幸な事件ではありましたが、ある面ではからずも他では見られないこうした日本人のすぐれた資質を、事実を通して示してくれた出来ごとであったと思っています。日伯学園の建設を目ざす私たちは、この事態を日本文化教育の中に、有効に生かして行きたいものと思っています。それがまた二万人を越すであろう、この災害の犠牲者の冥福を祈る追善にもつながることと考えられます。

二〇一一年三月二十四日、宮尾 進

当時、ブラジル最大のテレビ局グローボ社が福島の被災地を取材している。被災者が避難生活を整然と送る様子を、驚きをもって報じたが、取材中、スタッフの一人が避難所で紛失した五万円入りの財布が、移動中に本人に届けられるというサプライズに遭遇。取材陣が感激してその場でその模様を興奮してブラジルに実況中継したため、日本人の正直さ・誠実さが改めて確信をもってブラジル国内に広まったのである。

ブラジルにおける日本の人気

ブラジル政府が二〇一〇年から始めた「国境なき科学(Sienciasem Fronteiras)」という大プロジェ

クトがある。五年間でブラジルの理工系大学生十万人を、世界中の大学に国家負担で留学させるという壮大な計画である。ここ一〜二年は、経済的事情で中断しているが、学生の留学先として人気があるのは、日本の大学だそうである。

日本の先端科学技術に加え、アニメ・マンガはブラジルでも相当人気が高く、当地の日本語学校の先生も生徒も、今や非日系人が多くなってきている。非日系が親日・知日派になってくれることは、両国の関係にとって大変喜ばしい。

サッカーと柔道

二〇〇二年、サッカーのＦＩＦＡ日韓Ｗ杯の決勝戦が横浜国際総合競技場で行われ、ブラジルがドイツを破って優勝。ブラジルが国を挙げて喜んだことは言うまでもない。連日の試合は無論のこと、ＴＶで放映される先進国日本の姿、日本の人・自然、・おもてなしの心は、優勝した事実とともにブラジル人に好印象をもって焼きついたはずである。

二〇一六年のリオ・オリンピックでブラジルにメダルの量産が期待される種目は、柔道である。ブラジルは格闘技大国で知られるが、その原点は日本移民がもたらした柔道で、現在の競技人口は二〇〇万人超で世界最多とされる。

私と大学同期の移住研ＯＢで、同時期にともにブラジルに移住し、帰化した畏友石井千秋君が、一九七二年のミュンヘン・オリンピックで、柔道でブラジルに初のメダル（銅）をもたらした。以来、多くの五輪メダリストを輩出している。

日本の教育への関心

ブラジル日系社会は、現地で日本語・日本文化の普及活動を行っているが、普及のもっとも効果的な方法は、ブラジルの公教育に選択科目として日本語を採用してもらうことである。現地では、日系の教育関係団体が各州や市当局に公立校での日本語採用を働きかけているようであるが、はかばかしい成果は上がっていない。

しかし、州知事や教育長官等が、機会を得て訪日し、日本の小中学校の教育現場を視察すると一様に驚き、帰国後、すぐ自州の学校に日本語を導入するとのことであった。

周知の通り、ブラジルは凶悪な犯罪が多く、治安が悪い。改善するには子供の教育がもっとも重要であることは分かっているが、対応策に決め手がない。

州知事クラスが、日本の学校で、児童・生徒が規律正しくチームワークで掃除を行い、給食当番をする、行事に取り組む等の学習現場を見て感銘を受け、この教育方法こそがブラジルを改革する最良の方法であると確信するそうである。

日系ブラジル人がつなぐ両国の縁

一九九〇年の入管法改正で、日系人（三世までとその配偶者）に在留資格が付与され、いわゆるブラジル人〝デカセギ〟が急増、その数はピーク時三二万人、リーマンショック等の影響でその後減少したが、二〇一五年末一七万人であり、昨今再び漸増傾向を見せている（二〇二四年現在で二一万人）。

そもそも製造業の人手不足を補うために日本政府が彼らを招請したのであるが、政府は「移民政策」をとらず、「外国人対策」で対応しているため、彼らが日本で安定的な生活をしているとは必ずしも言いがたい。

しかしながら、日系ブラジル人の働き手のおよそ十〜一五％が日本に来て生活することは、両国の経済や文化に相応の影響を与えている。少子高齢化社会の日本にとってはありがたい存在でもあり、せっかくであれば日本が温かく迎え入れる必要があることは、言うまでもない。百年以上前も、戦後の苦しい時代にも日本移民を温かく受け入れてくれたブラジルへの恩義は、忘れてはならない。

ところで、デカセギが始まった当時、ハイパーインフレで苦しむブラジルの日系人が大挙来日して大金を稼ぎ、瞬く間に国元に財産を築いたため、日系人を羨む声が非常に強かった。今は、日本の経済状況から大金を稼げるほどではない。

雇用主、とくに派遣会社は、景気の動向によりブラジル人の扱いを変える。人手不足になると甘い言葉で勧誘し、人が余ると理不尽なやり方で解雇する。仕事で怪我人が出ても、労災保険を適用せず、うやむやに終わらせるなど、恨みを抱いて帰国するデカセギが少なからず存在する。国元に帰って、日本で受けた酷い仕打ちを家族や友人に話す。すると、ブラジルでは「日本人はブラジル人が嫌いらしい」という噂が立つ。

親日国に対し、我が国のイメージを傷つけるようなことがあってはならない。

ブラジル日系社会と日本の連帯

日系人は混血化の速度が非常に早く、急速に民族色を失いつつあることに、ブラジルの識者が警告を発している。アジア系少数民族で肩身が狭いと感じていた日系人が、敗戦によって日本離れを起こしたことが背景にある。しかし、現在ブラジルが目指すのは、サラダボール文化国家、つまり各民族がその特色を活かしながら、それを統合する国づくりである。

移民排出国のドイツ、イタリア等は、母国政府のみならず、出先機関、進出企業等が結束し、資金を投じて自国系移民社会を守っている。昨今では、移民後発組の中国・韓国もしかりである。これに比べて日本政府・進出企業には、残念ながらそういう国家・国益意識があまり見られない。

日系色が消えるということになれば、日伯関係の将来にとって好ましいことではない。二億の人口の中に占める日系人の割合は一％に満たないが、日本の東大と言われるサンパウロ州立大学受験の日系人の合格率は全体の十％超と、非常に高い。職業も大学教授、医師、弁護士、官僚等のエリートが多い。

日本は、日伯友好親善関係の重要性に思いを馳せ、日系社会の存在を改めて認識し、彼らと連帯する必要性を理解すべきである。日本政府首脳が日頃、中南米の日系人は日本の財産であるというのであれば、国益を踏まえ日系社会を強く支援するべきである。

二〇一七年三月にオープンが予定される、日本政府肝煎りの「サンパウロ・ジャパンハウス」開設を機に、政府に一層の奮起を期待したい。

ブラジルの国旗に記された言葉「秩序と進歩」

ブラジルの国旗は、一八八九年十一月に制定され、中央の白い帯に緑色の文字で「ORDEM E PROGRESSO（秩序と進歩）」と明記されている。これが国家のモットーであり、国家発展のためには、このスローガンが必要不可欠であるということであろう。

つまり「秩序があってこそ進歩がある」、裏を返せば秩序の無さがブラジルの進歩にとって最大の障害であることを意味していると解釈される。

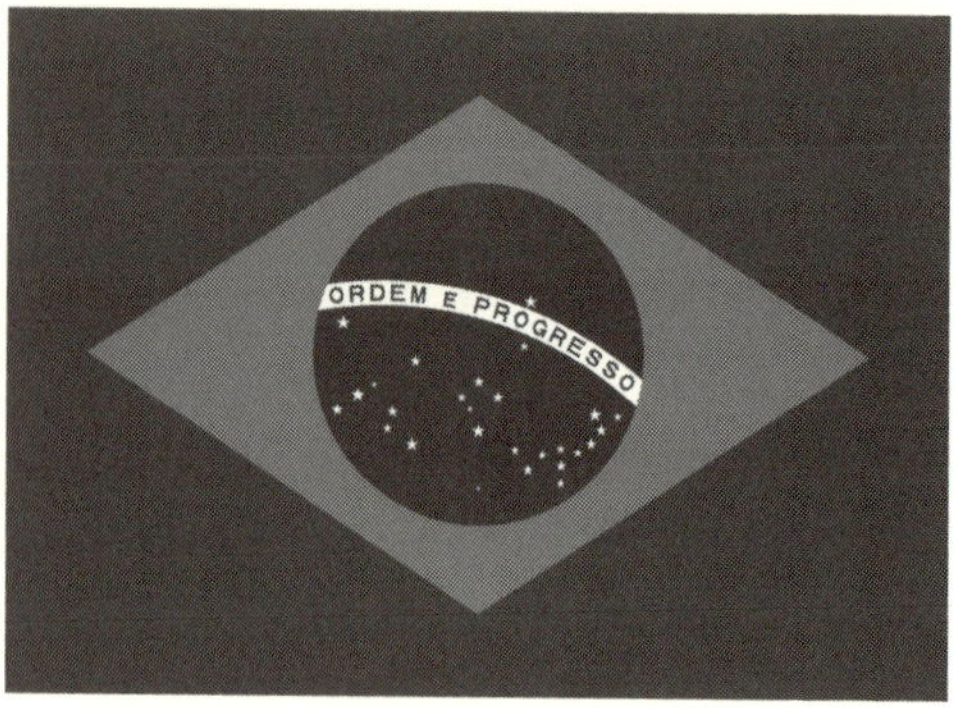

ブラジルの国旗

ブラジルの宗主国はポルトガルであるが、原住民（インディオ）にイタリア、ドイツ等の欧州系、アラブ系、アフリカ系、日本を含むアジア系等の移民が流入、それぞれがコミュニティーを形成、種々の異なる言語・文化・習慣が混在する多民族国家である。必然的に国家としての一体感・統一感が乏しい。

そのような状況下で国が進歩・発展を成し遂げるためには、国民の〝秩序〟ある行動が必要不可欠であり、それは国是として過去も現在も未来も変わることはないと思われる。

そしてブラジル人は、先進国日本をまさに自分たちが追い求めている「秩序と進歩」の国、というイメージで捉えていると言っても、あながち過言ではない。

「ブラジルから見た日本」の印象の根底には、この国旗の文言に鍵がある、と筆者は思わざるを得ない。われわれは、親日国ブラジルとの百年を超える縁・絆を改めて嚙みしめ、将来にわたり日伯両国の友好親善関係を維持・発展させる努力が必要であり、またそう願わざるを得ない。

（二〇一六年六月十八日）

三　日伯友好・親善に関わり続ける

親日国ブラジルの発展に貢献した日本移民

筆者が学生時代の一九六〇年代当時、ブラジルは「未開の大国」、「二一世紀の国」などと称されていた。当時のクビチェック大統領が、広大な国土の開発・発展を目指し、国土の中央部に首都を移転するという壮大な構想を元に、現在の首都ブラジリアを建設し（世界遺産）、当時の首都リオデジャネイロをブラジリアに移転したことは良く知られている。

建築家のオスカール・ニーマイヤーの手によって、荒野のど真ん中（国土の中心部）を切り開き、国会議事堂、上院議場、下院議場、最高裁判所等を飛行機型に建設・配置するという大胆な未来都市を建設した。各国の大使館もリオデジャネイロからブラジリアに移転した。

そのこともさることながら、ブラジルが現在ＢＲＩＣｓ（Ｂ＝ブラジル、Ｒ＝ロシア、Ｉ＝インド、Ｃ＝中国、Ｓ＝南アフリカ）という経済大国の一角を占めるまでに躍進を遂げた陰には、戦前戦後にブラジルに移住した日本移民（二五万〜三〇万人）の貢献が大であることを忘れてはならない。

ブラジルへの日本人移民は、一九〇八年に開始された。当時ブラジルでは、奴隷制度が廃止されて間もない頃で、日本移民は奴隷代わりにコーヒー園の労働者として雇われて移住した。大変な仕事を家族を挙げて黙々とこなしながら大都市サンパウロに事実上脱出し、自分達で原野を切り開き、農業で成功を収め、各分野に進出して行くのである。

アマゾンの移住地では、数百家族がマラリアで全滅するなどの悲劇もあったが、日本人の持つ明治の不撓不屈の精神で艱難辛苦に堪え、筆舌に尽くしがたい苦難を乗り越え、今日の立派な日系社会を築き上げたのである。正直、勤勉、教育熱心、旺盛な科学的探究心、一致結束・相互扶助・協力の日本の精神文化をいかんなく発揮し、日本人は、ブラジル社会で〝ガランチード〟(信用できる)と綽名される民族として受け入れられたのである。

南米では以前はアルゼンチンが第一等国と言われていたが、今はブラジルに取って代わられている。理由の一つとして言われるのは、アルゼンチンは、受け入れた日本移民の職業を「クリーニング屋」と「花屋」に限定していたが、ブラジルは無制限だったため、日本人があらゆる分野に進出、活躍できたことが大きな差になったと言われている。

ブラジルは、以前農産物の輸入国であったが、今や日本人の手によって、農産物の輸出大国になっている。リンゴの輸入国だったブラジルが日本人の品種改良によって輸出国になっている。

野菜など農産物を食べなかったブラジル人に野菜を食べさせ、健康を増進させるなど、ブラジルの食文化に大きな影響を与えた。広大な不毛の地と言われたブラジル中西部の熱帯サバンナの「セラード開発」はＪＩＣＡのプロジェクトとして有名であり、その成功は日本の資金と技術によるものである。現在、その世界的規模の生産物（大豆、トウモロコシ）の大半は、中国に爆買いされ、輸出されている。

ブラジルに限らず、日本移民が移住した中南米諸国は、彼等の努力によって押し並べて親日国である。ラテンアメリカ諸国（三三ヶ国）は、皆日本贔屓《びいき》であり、日本の大きな外交的資産となっている。中南米の日系人を人材として活かすことは、将来の日本にとって重要である。その要の国、ブラジルとその国民との連携が重要であることは、言うまでもない。その基盤は、日本移民とその子孫である在日の日系ブラジル人（デカセギ）である。

ブラジル人は陽気で屈託なく、能力も高い。国土も広く（日本の二三倍）、鉱物資源も豊富な資源大国である。日本は、日本移民の三世までを支援するが、イタリアは自国移民を、何世でもイタリア人として同国人と同等に処遇するという。ドイツ移民も多いが、ドイツ本国は、政府（大使館・領事館）・大学・進出企業等が互いに協力連携して、ドイツ移民とその子孫を永続的に支援し、大切にするという。ドイツ移民が作った優秀な進学校（中高）も多く、多くのエリートを輩出することが、自国の国益に適うことを良く知っているためである。日本も移民を縁とする大国ブラジルや中南米諸国（ペルー、パラグアイ等）と強く連帯すべきである。日本の政府・大学・諸機関・進出企業が国益を踏まえて交流に尽力すべきである。ブラジル等に存在する日系人組織（ブラジル・サンパウロ文化福祉協会等）や日系人に対し、日本側から積極的に連帯を働きかけるべきである。日系社会が、現地で日本語・日本文化の継承と普及のために行っている懸命な努力を大いに支援すべきである。

ブラジル日本語センター理事長の谷広海氏（早大移住研ＯＢ）は時事通信への寄稿「日本語を蔑ろにする日本」（二〇〇八年五月）の中で、ブラジル社会が日本や日系人に対して持つ親近感の強さにふれ、「これほどまでのブラジルの熱い眼差しに比べて、日本での関心の薄さが残念でなりません」と述べている。「ブラジルで日本語を勉強している人は二万二千人で、アジア、北米を除く地域では、世界最大」であるが、「ジェトロのビジネス日本語能力テスト、国際交流基金の日本語能力試験の民営化、ＪＩＣＡによる日本語教師の本邦研修制度の廃止などが行政改革で検討されるなど、中南米における日本語教育を根底から揺るがしかねないことが起こっている」と、日本語教育に危機を感じ、「ブラジルと日本の友好親善関係の絆がさらに太くなるためには、日本文化、日本語を通してブラジルの発展に寄与していくことが重要だと確信しています」と訴えている。

少子化日本のためにも、日本民族の血を引く彼等を無条件に日本が労働者として受け入れることを検討すべきと思う。今後も増える一方の外国人受け入れについては、日本移民の受け入れ国での初期の苦労、日本が一九九〇年の入管法改訂によって既に三十年以上にわたるブラジル人等労働者（デカセギ）を受け入れて来た知見を参考にすべきである。

「デカセギ」を不当に処遇すると、せっかくの親日国を嫌日国にしてしまう。これが日本の国益を如何に損なうか、よく考えなければならない。

我々がＮＰＯ法人を設立して中南米の日系人労働者の支援に立ち上がった大きな理由はそこにあった。日本が困った時に移民として温かく受け入れてもらったことを忘れてはならない。

二〇二一年、名古屋の入管施設に収容されていたスリランカ人女性が体調不良を訴えた末に死亡したことは、その詳細は不明であるが、残念でならない。第二次大戦後の一九五一年九月、スリランカ大統領ジャヤワルダナ氏が、連合軍から提案されていた日本分割統治、日本に対する巨額の賠償請求案等への反対を訴えたサンフランシスコ講和会議での演説を忘れてはならない。この演説がなければ、今の日本はなかったはずである。この女性を死亡させたことは、親日国スリランカ人に悪感情を持たせたことは想像に難くない。外国人を軽んじてはいけない。外国人を大切にすることが結局は国益に適うことを、私達は理解する必要がある。

日伯相互の絆――NPO法人の設立趣意書から

以下は、私が特定非営利活動法人「NGOブラジル人労働者支援センター」を設立した時の「設立趣意書」である。

ブラジルは、現在経済大国BRICsの一つで、政治、経済、産業等の各分野において国際社会をリードする大国に変貌しつつある。日本とブラジルは、距離的には、最も遠い関係にあるが、ブラジルの日系人は六世も含め約一六〇万人に達し、うち三一万人超が日本に出稼ぎに来ているという特殊な関係にある。彼らの存在を絆として我が国がブラジルとの関係を様々な面で強化し、一層の友好・協力関係を深めることは、日本の将来にとっては無論のことブラジルにとっても意義深いものと考える。

在日ブラジル人労働者は、日本の製造業の底辺を支える重要な働き手である。一方、彼らの母国への送金額は、年間二・五〇〇億円超と言われ、ブラジルにとっても大きな外貨収入源となっている。彼らが、父祖の地、日本を知ること、そして彼らを通じて日本人が、ブラジル人の考え方や文化に触れることは、互いに両国の絆を深める貴重な機会をもたらしていると言えよう。

彼らは一部を除き、未だに日本社会で差別的待遇を受け、厳しい労働環境下におかれているのが現実である。雇用保険や社会保険に未加入のまま放置されたり、有給休暇を一日も貰えなかったり、不当に解雇されて住まいを追い出され、仕事で大怪我をしても労災保険の適用もされず、恨みを持って帰国する者も存在する。日本語もできず、教育も受けられず、就労も出来ず、帰国もできないなどで不良化する未成年者も徐々に増えており、彼らは日本社会の隠れた不安定要因になりつつあると言っても過言ではない。

我々は、五年以上に渡り、在日ブラジル人労働者とその家族を支援するボランティア活動を通じてこれらの実態を知った。現在も全国各地のブラジル人から多くの相談が寄せられ、具体的に問題解決の支援を行い、実績を積み重ねてきた。言葉、習慣、文化の違い、日本の実情や各種制度・手続を知らず、問題に直面すると立ち往生するデカセギ。無論ブラジル人を中心とする支援団体や労働組合が各地に存在するが、中には、主宰者自身が、日本語は話せるが、読み書きができず、問題解決のノウハウを欠いたまま、これをビジネスと捉えて活動し、相談者が二重に被害を蒙ってしまうケースも少なくない。

設立責任者である私は、早稲田大学海外移住研究会に所属し、卒業と同時にブラジルに移住した体験と、日本での労働問題の知識、経験を基に、同研究会所属の同窓生同志とともに活動を始めた。現在は、在日ブラジル人のボランティアの多くの参加も得て、草の根として活動を行っているが、ブラジル移住百周年の記念すべき年に当たり、本活動を一層強化発展させるべく、当センターを設立することとした。

私どもは、母国語で、常時彼らのあらゆる問題に親身に相談に乗り、必要に応じ迅速・的確な情報を無償で提供し、解決の支援を行い、彼らが、日本で安心・安定した生活を確保し、同時に健全な外国人労働者としての地位を確立するための拠り所となること、引いては、改めて彼らを同じ血を引く貴重な存在と見なし、両国の絆を強める縁として、真の日伯友好・親善・協力関係の強化に役立たせることによって、社会貢献に寄与することを目的として努力したい。

平成二十年（二〇〇八）八月四日

理事長　加藤仁紀

ララ物資と日系ブラジル人――特定非営利活動法人としての再出発にさいして

「NGOブラジル人労働者支援センター」が特定非営利活動法人として再出発するにさいしての私の挨拶文には、母の言い聞かせてくれた言葉を載せている。

私は、敗戦時（一九四五年）四歳でしたが、父を失い、母と幼い兄弟四人で旧満洲国（現中国東北部）から命からがら日本に引き揚げて来ました。宮城県仙台で小学生時代を過ごしていましたが、当時日本は、戦後復興の真っ最中で、食べる物も、着る物も乏しく厳しい生活を強いられていました。そんなある日、母子寮に住んでいた私たちをはじめ多くの家族のもとに、沢山の食料や衣類が届けられてきたのです。私たちは皆、目を見張り、非常に喜んだことを今でも鮮明に覚えています。それは、ブラジルの日本人移住者（一・二世）からの贈り物でした。当時日本人移住者は、開拓の苦労と戦いながら、戦時中は、敵性外国人として扱われ、不動産等財産を奪われる方々も少くないという過酷な状況下にありました。祖国日本の窮状を見かね、「日本戦災同胞救援会」を組織し、各移住地より、多くの食料・衣類等を集めて日本に贈り続けたのです。

二〇〇八年四月に東京で開催されたブラジル移住百周年記念式典で天皇陛下が真っ先にこのことに触れられて感謝のお言葉を述べられました。当時の日本人移住者の祖国愛と並々ならぬご尽力に思いを馳せるとき、直接贈り物を手にした私は今でも、目頭が熱くなります。私の母が県を代表してこの贈り物に対する礼状を出すことになりました。その礼状が、ブラジルの邦字新聞に掲載され、移住者の感動を誘い、更に印刷物となって募集活動の促進に活用されたとのことです。この印刷物が、救援会の責任者より、母に送られ、今も母の手元に残されています。このことを知った時事通信社が二〇〇八年六月に移住百周年記念特集で日伯交流のエピソードの一つとしてネットで取り上げました。

母（現在百一歳）は、常々私に次のように言い聞かせるのです。「日本人移住者は、ブラジルで暖かく迎え入れられたために今日があることを銘記しなければなりません。だから今は、日本に働きに来ているブラジル人を暖かく迎え入れ同胞として大切にしなさい。そして彼らの祖父母や父母が、自分たちを犠牲にして窮乏する日本国民を助けてくれたことを決して忘れないように」と。

その後、縁あって私も学生時代に海外移住研究会というクラブに所属し、卒業後、短期間ブラジルの日系銀行に勤務するため商業移住し、ブラジルにお世話になった経験があります。帰国後、日本の会社に勤め、退職後、ボランティアとして在日ブラジル人の支援活動を始めました。ブラジル及び移住者の皆様へのささやかな恩返しの気持ちもあり、少しでもお役に立てれば嬉しい限りと思い、昔覚えたポルトガル語を勉強し直しながら奔走しております。

この度、関係各位のご理解と励ましを賜り、特定非営利活動法人として改めて出発することになりました。これを機会にスタッフ一同、一層の努力をしていきたいと決意を新たにしております。昨今極めて厳しい経済不況下ではありますが、私たちは、このＮＧＯＴＲＡＢＲＡＳが真に皆さんの日本での日常生活の心の拠り所になることが出来れば、望外の喜びと考えております。皆様の暖かいご支援とご協力を心からお願い申し上げます。

（二〇〇八年十二月一日）

在日ブラジル人等支援活動と「憩の園」

以下は、筆者が特定非営利活動法人「NGOブラジル人労働者支援センター」理事長として、二〇一一年一月、前述のブラジル「憩の園」について、「憩の園」在日協力会会報『Corasao』に寄稿したものである。私の思いが詰まっているものであるので、ぜひ再録したい。

（「憩の園」在日協力会会報『Corasao』への寄稿文より、二〇一一年一月）

私どもの在日ブラジル人等（いわゆるデカセギ）支援活動は、学生時代に所属していた早稲田大学海外移住研究会という部活動出身の仲間とともに始め、今日約十年を経過しました。日本各地のデカセギから、携帯電話に入る相談の内容は、不当解雇や仕事中のケガ、職場のいじめ、雇用保険や社会保険の未加入、有給休暇の取得、出産手当金や奨学金、交通事故、会社の設立や融資の受け方など様々です。微力ですが、今後も多少でも彼らの役に立てるよう、スタッフ一同努力したいと思っています。

ところで「憩の園」在日協力会が支援されているサンパウロの「憩の園」は、戦時中、ブラジルで敵性国民となった日本人の救済に活躍された故ドナ・マルガリーダ・渡辺さんたちが戦後発足させた「救済会」の流れを汲む、サンパウロの社会福祉法人によって運営されています。

日本が敗戦後、衣食住の欠乏で国民が苦しんでいたとき、自らも当時相当苦しい生活を余儀なくされていたブラジルの日本移民が、祖国の窮状を見かね、粉ミルクや白砂糖などの食べ物や衣類等を救援物資として大量に何回も贈って下さったことを知る日本人は、今やほとんどいないと思います。これは、ララ物資（LARA＝Licensed Agencies for Relief in Asia）と称され、これに関し二〇〇八年の日本人ブラジル移住百年記念式典の御挨拶で、天皇陛下が真先に移住者に感謝の御言葉を述べられました。

渡辺さんたちは、このララ物資を先頭に立ってブラジルの各日本人移住地から手分けして集め、手ずから梱包して日本に贈り出されていたとのことです。日本に到着した物資は、当時の厚生省から各都道府県に配布され、主として母子寮などに配られました。私は当時、宮城県仙台市の小学生で満洲引揚げ時、父を失っていましたから母子寮に住んでおり、その恩恵に与かりました。飢えて着るものも乏しい時代でしたから、それを目にしたときは本当に吃驚して喜んだ記憶が今も鮮明にあります。

在日ブラジル人でこのことを知っている人はほとんどいません。彼等にこの話を聞かせると一様に驚き、目を輝かせます。自分達はデカセギとして日頃日本人から差別されていると感じてい

ブラジル・日系老人ホーム「憩の園」関連パンフレット

るが、自分たちの父母や祖父母が昔日本人を助けていたのであれば誇りを持てるし、自信にもなると言うのです。

救済会の現副理事長・常務理事で憩の園の運営に携わっておられる相田祐弘様（当時ブラジル稲門会会長）は、私の大学の先輩で、現在私どもの支援活動をご指導いただいていますが、最近、相田様も昔東京でこのララ物資の恩恵に与かったとのことを知り、そのご縁に驚かされました。今「憩の園」にお住いの高齢の方々は、この救援物資のことをご存知のはずです。それどころか救援活動に関わり、協力された方も必ずおられるはずです。日本の多くの方々にこの事実を知っていただき、改めて彼等に敬意を表して頂きたいと思います。

「憩の園」にある渡辺トミ・マルガリーダの碑

私事で恐縮ですが、私の母は、二〇〇九年、百一歳で亡くなりました。母は、ブラジルからの救援物資に対し、当時厚生省・県の要請で現地に礼状を書かせていただいた一人ですが、この手紙が現地の邦字新聞に掲載されて読者の感動を呼び、「故国の人がこんなにも喜んでくれている」と評判になり、現地で印刷された物資募集活動要項に添付されました。

その要項が当時サンパウロの「日本戦災同胞委員会」から母に送付され母の手元に残っていました。母が、生前渡辺さんとかエスペランサ婦人会の名前をときどき口にして感謝し、我々の支援活動を喜びながら、常々、「日本人移住者はブラジルに暖かく受け容れて貰ったことやララ物資の恩義を忘れずに、在日ブラジル人を大切にするように」と言っていました。

ルセフ大統領からのメッセージ

NPO法人「NGOブラジル人労働者支援センター」は、業務柄、駐日ブラジル大使館や駐日ブラジル総領事館との交流があった。その関係で、ブラジル政府は当法人のような在日ブラジル人支援団体を直接・間接に支援するため、本国にメッセージカードを出す相手を推薦していて、その名簿が大統領府に届けられていたと思われる。

ブラジル連邦共和国第三十六代大統領、ジルマ・ルセフ（在任二〇一一～二〇一六。ブラジル初の女性大統領）から、二〇一三年に届いたクリスマス&新年メッセージを紹介したい。

ルセフ大統領の前の大領領からも、代々送られてきていた。当法人からもそれに応えて、毎年挨拶状（年賀状）を出していた。

ルセフ大統領からのメッセージの邦訳は、次のとおりである。

「私たちが望む未来は、自動的に構築されるものではありません。

"El futuro que queremos no se realizará por sí mismo. Estamos en el comienzo de un nueva era que nos requerirá más compromiso, más determinación, más responsabilidad. Cambios profundos en las actitudes colectivas, institucionales y personales".
Discurso en la ceremonia oficial de apertura de la Conferencia de las Naciones Unidas sobre Desarrollo Sostenible (Rio+20)
La Presidenta Dilma Rousseff les desea felices fiestas y un próspero Año Nuevo.
"The future we wa
hreshold of a new era that demands more
dedication, more deter
institutionals and
individuals attitudes".

Estamos no limiar de um novo momento que nos exigirá
mais dedicação, mais determinação, mais responsabilidade.
Mudanças profundas de atitudes coletivas, institucionais
e individuais.
Dilma Rousseff

今、私たちは新しい時代のスタートにおり、これまで以上に努力、判断力、責任感が求められ、集団、組織、個人レベルの取り組みに対して根本的な変化が求められております。

国連持続可能な開発会議
（リオ＋20）開会挨拶より

ジルマ・ルセフ大統領から皆様へ新年のご挨拶を申し上げます。」

（邦訳者　武藤瑞穂）

メッセージ邦訳者の武藤瑞穂さんのお父さんは武藤嵩氏、移住研の一年後輩で、学移連第十期委員長である（パラグアイで死去）。

これからのブラジル日系社会への提言
——宮尾進氏論文「日伯学園建設こそ百周年記念事業の本命」の紹介

「二一　ブラジルから見た日本」でもふれているが、東日本大震災にさいしてメッセージを寄せてくださった、サンパウロの人文科学研究所元所長、宮尾進氏（故人、数年前春の叙勲）の論文に「日伯学園建設こそ百周年記念事業の本命」がある。「日伯学園」建設構想についても、安倍晋三元総理に協力・支援を申し出て、ご了解を得たことなどを前述している。そのときは頓挫したが、その後も実現に向けて、我々は懸命に動いてきた。

日本移民・日系人は、二〇〇八年から、初渡伯の十年ごとの節目（周年）に記念事業を行ってきたが、この宮尾氏の論文は、日本移民百周年（二〇〇八年）を前にした二〇〇五年頃に、記念事業として提言された論文（案）で、当時ブラジルのサンパウロ新聞及びニッケイ新聞に掲載された。日系社会にアピールするために書かれたが、両紙には賛同の投書が寄せられたそうである。そして筆者のＮＰＯ法人「ＮＧＯブラジル人労働者支援センター」時代に、同氏の了解を得て、ＮＰＯ法人のホームページに転載されていた。ブラジル日系社会の将来について、当時現地から発信された高邁な提言であり、現地では知られた論文である。

宮尾氏は、日系社会に関し、数々の提言をしてこられた方であり、この論文でブラジルの日本移民のこと、将来のことが良く分かり、含蓄がある。日本の将来のためにも非常に参考になる論文である。

実際の百周年祭典は、すべて一過性のイベントに終わってしまい、残念ながら事業としては何一つ残らなかったようだが、日伯学園建設に関わる関係者の熱意は、その後非営利の日伯教育機構（サンパウロ）の設立に結びつき、現在これを受けて日本側も、社団法人日本ブラジル中央協会（港区）が同機構を支援する活動を行っている。

論文そのものは長く、ここで全文を紹介することは出来ないが、興味をもたれた方は是非調べてみて頂きたい。

日伯連帯研究所「ＯＮＧ Ｔｒａｂｒａｓ」の設立

前述した通り、ＮＰＯ法人「ブラジル人労働者支援センター」は令和二年（二〇二〇）に業務を閉じ、新たに日伯連帯研究所「ＯＮＧ Ｔｒａｂｒａｓ（オンギ・トゥラブラス）」を設立することになった。以下は、その挨拶文である。

認定ＮＰＯ法人ＮＧＯブラジル人労働者支援センターは本年十一月三十日をもって業務を終了し、解散いたします。今後は下記の通り、新たに日伯連帯研究所「ＯＮＧ Ｔｒａｂｒａｓ」を設立し（代表・加藤仁紀）、日伯交流活動を中心に従来の活動を引き継いで参ります。

主な活動内容

・日伯交流活動

・日伯学園建設の実現に向けたサポート

・日本人移住者の足跡保存（日本移民・日系人が残した貴重な記録・資料・出版物等を収集し、日本の国立国会図書館及び大学図書館への納本）
・在日ブラジル人等労働者支援活動
・その他上記に関連する一切の活動
活動にあたっては、「日本人と日系人の連帯」の必要性、重要性に思いを寄せながら、日伯両国の国益につながる活動を目指して参ります。

活動業務は従来のメンバーに新たなメンバーを加えて継続いたしますので、これまでと同様のご支援、ご協力を賜りますよう、何卒宜しくお願い申し上げます。

二〇二〇年（令和二年）九月吉日

認定ＮＰＯ法人ＮＧＯブラジル人労働者支援センター
ONG Trabras（ONG Centro de Apoio aos Trabalhadores Brasileiros）
理事長　加藤仁紀
他役員一同

III　これからの日本へ

――満洲引揚げ少年の遺言

日本の未来を担う若者に伝えたいこと――私の体験から

父の死の瞬間に抱いた使命感

一九四六年一月三日、父との永遠の別れの朝、遺された私たち家族は五人であった。母・満《みつ》三十八歳、兄精也《きよなり》七歳三ヶ月、筆者四歳十一ヶ月、弟紘捷《ひろかつ》二歳七ヶ月、妹悦子生後三ヶ月。父の白木の棺が満鉄宿舎の二階の窓からロープで降ろされ、荷馬車に乗せられて、凍てつく新京の街路を焼き場に運ばれていった。馬が吐く大きく長く白い息が遠くまで見え、幼心にも容易ならざる事態が発生していることは分かった。

その時、母はリウマチで臥せっていた。簡素な葬儀が営まれたが、兄はショックで泣き叫び続け、それを見てさすがの母も瞬間取り乱す、弟は余りに幼く、妹は貰い乳による結核の初感染に罹《かか》り弱っていた。私は、幼いながらも「母を守り抜く」ことを固く決心した。同時にこのままでは済まされない、漠然ながらも「(国家に奉仕・殉職した)父の死を無にすることは出来ない」という大きな「使命感」のようなものを、幼心に抱かずにはいられなかった。

これが筆者の人生の原点というか、先の見えない大きな不安に満ちた人生の出発点であった。

父母への言葉

決心をしてから今年で約八十年、母が亡くなってから十六年が経過した。母のためにさしたることはできなかったが、最後に両親に対し、以下のことを述べたい。

母は、教養高く、皆に優しく、思いやり深く、誠実な人柄で、常に周りから愛されながらこの世を去った。しかし、満洲引揚げ中に亡くした父のこと、とくに父の業績が世に埋もれてしまったことを終生辛く悔しく、申し訳なく思い、父に関する証言（手記や回想録等）を私たち兄弟それぞれに遺しながら、いわば失意のまま亡くなった。その点では、母の生前には間に合わなかったが、私が二〇二〇年八月四日（母の誕生日）に、渾身の思いと祈りを込めて、父の母校である東北大学医学部部長に父の「ペスト防疫」活動に関する情報を提供した結果、願いが叶い、同医学部の同窓会新聞『艮陵《ごんりょう》新聞』に偉大なる業績として発表され、父の業績が初めて母校で認められ顕彰されたのである。

亡き両親も関係者も天国で喜んでくれていることを確信し、同時に私個人としては人生最大の任務をなし遂げたかも知れないと思われ、感慨無量であった。「灯台下暗し」というが、私たち家族は長年仙台市内に住み、その後東京に移ったが、父のことを同じ仙台市内に所在する同大医学部に何故もっと早くに知らせることに気が付かなかったか、返す返すも残念という他はない。母の生前に実現できていれば、これ以上の喜びはなかったと思う。しかし、新型コロナウイルス禍の今だったからこそ陽の目を見たとも言えるので、やはり長い歳月を待つしかなかったとも言えよう。

本書Ⅰの冒頭に掲載した筆者の小学六年生のときの作文「お父さんの死」の末尾に記した「僕は大きくなってお父さんのくやしかったことをなぐさめて上げたいと思います。」という思いは、まさに母の思いそのものであったし、この一心で互いに生涯を貫いてきた。

本書の刊行によって、若くして散った父という人物の存在とその人柄・業績・引揚げ・発疹チフスでの殉職等のこと、そして吉林省前郭旗ペスト防疫所のことが世間の明るみに出て、読者の皆様に何らかの参考になれば、筆者としてはこれにすぐる喜びは無い。それは筆者の「父の死を無にしない」という幼少時から抱いてきた使命感を、些《いささ》かでも果たせたかも知れないと思うからである。以て瞑すべしの心境である。

今、母に対しては、「長い間本当にご苦労様でした。お母さんのご苦労と執念は立派に実りましたから安心して下さい。生前に間に合わずごめんなさい。ありがとうございました。」と言いたい。

父に対しては「本当にご苦労様でした。お父さんを心から尊敬しています。あの世で会えることを楽しみにしています。」と言いたい。なお、父の科学的業績については、私の実弟（正司三男、日大元教授）の著書『ペストは冬、どこに潜むのか』（ロギカ書房）をご参照されたい。

なお、筆者故人としては父の跡を継ぎたいと思いながら現実には果たせず、これがため筆者は、幼年期・少年期・青年期を通じ七転八倒、紆余曲折する人生行路を辿り、遂には移民としてブラジルにわたった。

在日外国人への不当な対応は、国益を損なう

その関係で帰国後、全国の在日ブラジル人労働者の支援活動に乗り出す。「親身、二十四時間、無償、ポルトガル語対応、徹底解決」を標榜し、文化や習慣の違う異国で言葉も分からず労働問題に直面する数十万人の在日ブラジル人、ペルー人等労働者（一九九〇年に改訂された入管・難民法により日系三世までとその配偶者、いわゆる中南米からの定住ビザによるデカセギがドッと増えた）を仲間（早大移住研のOB／OG等）とともに強力に支援、対決した雇用主（派遣会社含む）から刺客を差し向けられることも再々あった。

我々の活動の背景には、自分達が学生時代に国策に応じて海外移住啓蒙活動に従事し、その影響を受けて移住した日本人の子孫こそがデカセギであったということに対する道義的責任、そし

て支援活動を通じて知った、デカセギに対する雇用主の不法な仕打ち、とくに労災事故で身体に障害を来たした労働者の不当解雇等は、著しく日本の国益を損なうことを痛感。

溶接作業中に失明したり、機械操作中の四肢の欠損、エレベータ転落事故等による下半身不随・麻痺、歩行困難等になった労働者が解雇されて放置され、止む無く彼等が母国に帰ると、日本人への悪評が立ち、日本移民が苦心惨憺して築き上げた親日国を嫌日国へ転換させる。ラテンアメリカ諸国は三三ヶ国である。日本人移民のお陰でおしなべて親日国であり、これは日本外交上の大きな財産である。嫌日国に変化すれば、国益の甚大な損失である。

一人の在日外国人をもし不当に扱えば、国益の重大な損失に繋がることを銘記すべきである。我々の活動が国益重視で一層強化されていったのは、自然な成り行きであった。父達が国家国益のために挺身・奉仕した事績そのものを継ぐことはできなかったが、同様に国益重視の観点から懸命に支援活動を行い、数千人のデカセギを支援・救援し、日本財団等より社会貢献者賞を受賞するなどしたことは、仲間のおかげである。

そして、感染症コロナ禍を経て、本書出版により、父母はじめ前郭旗《ぜんかっき》の職員・家族・遺族、その他の関係者の方々のペスト防疫と撲滅に関わる業績、「日本人の底力」を後世に多少でも伝えることが出来たとすれば、著者として本望である。

日本は自らの底力を思い起こすべし

同時に本書を通じて、敗戦時四～五歳の幼年引揚者だった著者の体験、引揚後に観た、今に続く日本の敗戦時の「負け犬根性」。本書を通じ、日本人が自らの底力を思い起こし、敗戦でGHQの占領政策によって国家の主体性を奪われ、国防を他国に委ね、自虐史観に覆われ気概を失くした日本、劣化した日本人。このままでは日本民族が滅びゆくしかない現状への警鐘となれば幸いである。

日本列島が有史以来、北朝鮮・中国・ロシア等の覇権国家の核・ミサイル・生物化学兵器等に晒《さら》され、風前の灯《ともしび》状態に陥っていることへの危機感の無さ。

この弱体化した国家の象徴が、未解決の「拉致問題」である。怒りを覚えない、憐れな日本人。他国によって自国の少女が連れ去られながら、指を咥《くわ》えて何十年も見ているだけ、他国に協力に仰ぐだけの余りにも情けない恥知らずの日本。歯痒《はがゆ》くてならない。これを放置してはいけない。

しっかりしたリーダーが現れて、国民を動かして国論を統一し、自力で解決しなければならない。本書により、古来日本民族が有した愛国心、大和魂、武士道精神を、そして自信と誇り、気概を取り戻し、国力を徹底的に増強し、拉致被害者を一刻も早く自力で奪還する気概・気迫をもって臨まなければならない。

そこから知恵が出て、事態を解決に導けるはずである。視聴者としてTVのお笑いや歌謡番組に浸っている場合ではない。拉致被害者とその家族に国民一人一人が思いを馳せ、寄り添い、拉致問題を我がこととして捉えて立ち上がらなければ、日本史上の重大な汚点になる。

拉致問題に限らず、我が国が気概を持ち、総力を挙げて国際問題の解決に寄与できなければ、先人に申し訳が立たない。

中国共産党軍の将校が当時、連日観たという日本人引揚者の蟻《あり》のような群れ、老いを助け、幼きを庇《かば》い、荷物を持って黙々と歩く日本人を観て、日本民族の教養の高さを感じ、「日本は必ず復興する」と語ったこと。

ブラジルに移民した、第一回日本移民（一九〇八年六月十八日）七八一名を乗せた「笠戸丸《かさとまる》」がサントス港に着き、タラップから下船する日本人が清潔に身形《みなり》を整え、整然と秩序正しく降りて来る様子を観た地元紙『コレイオ・パウリスターノ』の記者が驚いて記事に書いているように、「こんなに多くの移民が通関時に隠し立てを全くしないことに大変驚いた」、「入管の食堂に用意された食事を食べた日本人は飯粒一つ、汁の一滴も残さず綺麗に始末し、掃除して片付けたことに感心した」、「この民族は今までの民族と違う、必ずやサンパウロの発展に大きく寄与するだろう」（税関長談、一九〇八年六月二十五日付一面）。

事実、後年、それどころか、日本人の貢献で永年未開の大国と言われていたブラジルを今日の世界の経済大国に躍進させたことは、BRICS（ブラジル、ロシア、インド、チャイナ、南アフリカ）としてよく知られている。東日本大震災時の日本人の整然とした避難生活ぶりを、ブラジルのメディアが驚きをもって報じている（サンパウロ人文研・宮尾進氏）。当時多くのブラジル国民も各地に発生した大水害で避難生活を強いられていたが、現地では、連日スーパーマーケットが住民によって襲撃され、商品が掠奪されるという事態が頻発していた。これと比べて日本人被災者の秩序正しい冷静な動き、助け合いの精神を誇らしく讃えている。

ブラジル国旗の帯に書かれた文字は「ORDEM E PROGRESSO（秩序と進歩）」である。国家の進歩・発展のためには秩序が不可欠、〝秩序をもって国家を進歩させよう〟という国家のスローガン（悲願）である。まさにそれが得意だった日本人が、身をもってそれを示し、ブラジルに日本精神、日本文化を植え込んで、ブラジルを進歩・発展させたのである。

これらを通じて筆者は訴えたい。日本人のモラルの高さと底力を思い起こすべきである。世界一公徳心の高かった日本、平和主義日本。大東亜戦争で植民地化されて苦しんでいたアジア諸国を解放し、独立させた事実を改めて知るべきである。

GHQのマッカーサー元司令官が、太平洋戦争は日本の「侵略戦争ではなく自衛のための戦争であった」と一九五一年四月十九日米上院軍事・外交合同委員会聴聞会で証言している。忘れてはならない。多くの日本のメディアは、これを国民に伝えなかった。偏向であり、卑怯である。

このように国家を貶めるメディアを、国民は支持（視聴、購読）してはならない。自らの首を絞めるだけである。

今、ロシアがウクライナへ侵攻し、被害を受けた子供達の将来が危惧されるが、高い志を持ち続け、それぞれが祖国のために使命感を持って歩んで欲しい。さすれば必ず道は拓けると言いたい。ウクライナの子供達に限らず、今悲惨な境遇にある世界の、そして日本の子供達にも同様に筆者は言いたい、がんばれ！　くじけずがんばれば必ず道は拓ける、と。

日本の憂うべき現状——満洲引揚げ者・ブラジル移民だった著者から観て

満洲開拓とブラジル移民

筆者も学生時代に所属したサークル「早稲田大学海外移住研究会」もその傘下にあった「日本学生海外移住連盟（学移連）」に関わった日本学生海外移住啓蒙活動の指導者の杉野忠夫先生は、元東京農大教授である。氏は昭和十四年頃に満洲国開拓参与として彼の地に赴任、満洲に数十カ所の農大「報国農場」を作り、大学生を派遣していたが、敗戦で約八十名の学生が引揚げの混乱に巻き込まれ、数人が命を落とす羽目になった（『農学と戦争——知られざる満洲報国農場』岩波書店、二〇一九年）。中には新京で発疹チフスで亡くなったものもいたという。彼らは、発疹チフス防疫班長・医師であった筆者の父の手当を受けたはずである。筆者が杉野先生の学移連と関わり、その父は発疹チフスで倒れた農大の学生らと接点があったかもしれない——こう思うと、満洲生まれの筆者がブラジル移民になる定めにあった、と、不思議な縁を感じざるを得ない。ただし、この本の著者たちが、先輩教授杉野先生を「学生を死に追いやった」と責任追及する姿勢は遺憾である。当時の国情を踏まえた見識とは思えない。

杉野教授とその教え子（報国農場に赴いた）の関係には、満洲でペスト防疫と撲滅に命を懸け、引揚げ中に新京邦人避難民に蔓延した発疹チフスの防疫班長を命ぜられて殉職した筆者の父、加藤正司の姿を思い起こさずにはいられない。戦後、移住に携った杉野教授の高邁な思い、心中を、僭越ながら察すれば、果たせなかった夢と理想の満洲移民（報国農場）を南米で実現したかったのかも知れない。筆者を含め、ブラジルの日本移民の中には、満洲引揚者が多かったことは事実である。

おかげで、日本の高い農業技術を持って海外に移住し、移住先諸国（主に南米）の経済の発展に大いに尽くした杉野教授と日本移民の功績を忘れてはならない。経済大国入りしたブラジルはその象徴で、グローバルサウスとして、親日国として、今や日本にとって大いなる有形無形の海外資産であり、日本で毎年盛大に海外日系人大会が挙行され、日本の国際化のために友好関係が維持されていることは、周知の通りである。

自立せよ、日本

幼いながらも満洲から引き揚げて来た私が、まもなく日本で感じたことは、内地（日本）の人は、満洲の日本人とは、全体的にどこか違っていたことである。団結するとか、国家に奉仕するなどの、国家を思う雰囲気はまったく見られなかった。

以前、アジア出身の外国人のある識者が指摘していたように「日本人は劣化している」という言葉には、筆者も実に同感である。敗戦で日本人が主体性を失い、GHQ（連合国軍最高司令官総司令部）の政策により愛国心（日本の歴史・文化を誇りに思う精神）を根底から剝奪されたことと、その後の自虐史観が主因である。自信を失い、「負け犬」となってしまったままの今日の日本。今やそれさえ忘れてしまった日本。あの毅然とした気概のある日本人は何処へ消えたか。

教育は平和・平等に過度に偏《かた》より、競争心を失くし、大人も子供も、野心・野望はおろか、気迫・気力・覇気が萎え、年々あらゆる分野で国際競争力を失いつつある今の日本。日本の存在感が失われ、その空白を埋めるように覇権主義国家・中国、北朝鮮が出現した。ロシアを含む彼等の核・ミサイル・生物化学兵器によって、日本列島は有史以来の「風前の灯火」という危機的状態にある。米国に縋《すが》るだけの情けない根性の日本。この状態から一刻も早く脱却しなければ、今後、国家国民を守ることは出来ないと思う。

毅然としたリーダーの不在。政治家は国民の見本と言われるから、すべては我々国民の責任であることは言うまでもない。

筆者は、満洲で日本人同士助け合って引き揚げて来た。当時の普通の日本人が有していたモラルや愛国心を持ち合わせていた。戦前のブラジル移民も同じである。戦時中、ブラジルは連合国側だったため、日本移民は敵性民族として扱われ、財産を奪われ、立ち退きを強制され、悲惨な中を日本人同士で助け合って生き伸びてきた。その苦境の中でも、彼等は戦後、窮乏生活を余儀なくされる祖国日本の救援のため大量の救援物資（所謂《いわゆる》「ララ物資」）を繰り返し日本に贈ってくれたのである。これはまさに祖国愛・愛国心のなせる業《わざ》以外の何ものでもない。

拉致問題への怒り

この劣化した日本が抱える象徴的な事件が「拉致問題」であろう。目の前で同胞が拉致されているという屈辱極まりない状況下、自力で救出・奪還できないし、何よりその気力がない。被害者・家族を事実上見殺しにしている。救出活動を被害者家族会に事実上委ねている有様は、彼等に二重、三重の苦しみ・被害を与えていて、本末転倒である。

まずリーダーが眦《まなじり》を決して怒り、国民に呼びかけ、国民も自分の事として捉え、怒って立ち上がらなければならないが、その気力と気概が湧いてこない日本。拉致問題を「忘れないで欲しい」と国民に呼びかけるだけの、諦めたに等しい政府。しかし、今からでも遅くはない。ロシアのウクライナ侵攻、台湾問題、尖閣列島問題等を抱える中、解決は一層遠のいたように見えるが、むしろピンチはチャンスである。彼らの弱点は独裁体制であることを忘れてはならない。被害者を何としても自力で一刻も早く奪還・救出しなければならない。大切なことはその意思・決意・覚悟である。そこから必ず知恵が生れるはず。

自分のことだけを考えていてはいけない

権威主義・覇権国家を相手に外交をするためには、相手国を圧倒的に凌《しの》ぐ国防力が不可欠である。しかし、国防力の根源は愛国心である。防衛費を幾ら増やしても、愛国心が無ければ何事も危うい。どこの国も愛国心で国家は守られている。

また、国防費は国民が等しく担わなければならない。医療・福祉ばかりに予算をつぎ込んでいては国を守れない。国民は耐えなければならない。

筆者はこの世を去るに当たり、この拉致問題解決こそが日本再生の道であると強く訴えたい。

筆者は、在日ブラジル人の出稼ぎ労働者の支援活動に長く携わってきたが、彼等に言われたことがある。日本に出稼ぎに来る前に母国ブラジルの両親や祖父母から言われてきたことがある。「日本人は何事も真面目でしっかりしているから、よく学んでしっかり働きなさい」と。「しかし、来てみて分ったことは、日本人の多くは自分勝手であり、自分さえよければよいと思っている。いい加減だ。私たちの方がもっと家族や仲間思いで真面目である。」と。

劣化した日本人を象徴する指摘で、恥ずかしい限りである。ブラジル在住移民一世も、何事につけ日本が毅然とした態度を取らないことを実に情けないと思っていることを付記したい。

以上は、僭越ながら国の先行きを憂う八十代を越えた日本人の長老の一人の意見として、国民の皆様に真正面から受け止めていただきたい。愛国心の涵養こそが、日本人にとって最重要である。これが国を守り、自由を守る砦である。先祖を思い、古来の歴史と文化に誇りを持って、世界の平和に貢献していただきたい。

なお、約六年間日本を占領統治した米国陸軍元帥ダグラス・マッカーサー氏が、一九五一年四月十九日、米国の上下院合同会議の証言で「太平洋戦争」は日本の安全保障上の自衛の戦争であった（侵略ではない）と明確に述べた（『産経新聞』）ことは、日本人として改めて思い起こし、自覚しなければならないと思う。他のメディアは卑怯にもこれを報じていない。

昨今の東アジアの危機的状況を見れば、米国が、当時民主国家・平和国家であったアジアの盟主・日本を敵視し、戦争に追い込んで敗者として弱体化させたことが、今になって余りにも大きな誤りであったことに気付いたと思う。遅ればせながら大陸に野望をもった当時の米国の眼が狂っていたとしか言いようがない。

戦後、日本の存在感が薄れ、その空白を埋めるように躍り出て来たのが、今の覇権主義国家中国である。遅まきながらわれわれは愛国心を涵養し、米国無しでも中国や他国に負けない気概と国防力を持つことが不可欠である。日本人の奮起を促したい。

満洲引揚げ少年の、二十の遺言

満洲引揚げ少年、元ブラジル移民の著者からの、日本国民への遺言である。子々孫々、日本列島、日本人の生命・財産を守るために、僭越ながら以下遺言する。

1　戦争は、してはならない。

2　敗戦後、ＧＨＱ（連合国軍最高司令官総司令部）の政策によって奪われた日本人の愛国心、武士道精神、大和魂、進取の精神、気概を取り戻す。ＧＨＱによって植え付けられた「負け犬」根性を払拭する。自虐史観を捨てる。

3　皇室を大切にして、美しい日本人の心を取り戻し、世界平和に貢献しなければならない。

4　他国（米国）に自国の防衛を委ねてはならない。

5　憲法を速やかに改正し、国防力を断然強化しなければならない。

6　親日・友好国台湾は、日本の生命線である。

7　近隣覇権国家（中国、北朝鮮、ロシア）と外交交渉を強力に推進するためには、国防力を備えなければならない。

8　日本には技術力があるのでゲームチェンジし得る国防力を持つことは可能である。自信を持たなければならない。

9　国防費は消費税（一五〜二〇％）をアップさせ、国民が等しく負担しなければならない。国防費はＧＤＰの五〜十％を目指す。

10　国難である拉致問題を自力で解決する。他国を当てにしてはならない。その覚悟が出来た時に初めて解決策の知恵が出る。

11　覇権国家の弱点は独裁政権・体制であることを認識すべきである。

12　高齢者は甘えてはならない。

13　高齢者の健康の元は「気力」である。気力の元は世のため・人のために生きる生甲斐である。自分のためばかりを考えていては健康寿命は延びない。

14　高齢者は転倒・骨折に用心すべきであるが、同時に転倒した場合に受け身等で骨折を避ける日頃の工夫、心と体の準備と備えが肝要。

15　子供や若者には「大志」を抱かせる教育が肝要。大志があれば簡単には挫けないし、自力で道を開くことが可能となる。

16　子供を甘やかさない。自分さえよければよいということではいけない。常に「公」を考えるべきである。

17　上記に反する人物（政治家）を選挙で選んではいけない。

18　靖国神社を参拝し日本の偉人を顕彰しなければならない。

19　少子化対策をしっかり講じる必要がある。

20　外国人が今後増えるだろうが、そのためには対策をしっかりしなければならない。

おわりに——本書出版の意義

両親は若い頃、国策に応じ中国大陸の満洲に渡った。筆者も若い頃に、やはり国策に応じ、南米大陸のブラジルに移民として渡った。満洲は中国の東北地方で日本から近かったが、ブラジルは地球の反対側で、日本から最も遠い国だった。しかし、〝国策に応じ若い頃外国に渡った〟という点では、互いに燃えるものを持っていたという共通点があったと言うか、方向性は違ったとしても「大陸志向」という親子の共通点があったと言えるかも知れない。やはり筆者も両親から同じ血を受け継いでいたと言えるかも知れない。

戦後間もない時期に米国や中南米の日系移民から困窮する祖国日本に寄せられた大量の「ララ物資」に関して、当時（一九四九年一月）筆者の母が書いた「礼状」（当時厚生省［現厚生労働省］と都道府県の要請により同物資の恩恵に預った母が書いた、ブラジル日本移民に対する戦後の救援物資への礼状）は、ブラジル日本移民の感動を呼び、そのコピーが母に届けられ、母の手元に遺されていた（現在横浜ＪＩＣＡの海外移住資料館に常設展示されている）。これは、筆者がブラジル移民だった関係で、幸いにも明るみにでたことになる。この礼状は、ララ物資に関する日本の貴重な資料の一つとして保管・展示されたが、歴史の一隅となり、天国の母も驚きつつ喜んでくれていると思う。

満洲で殉職した父の死に直面して抱いたときの「(父の仕事の)跡を継ぐ」とか「大きくなったらお父さんを慰めたい」という使命感は、筆者の胸から終世離れたことはなかったが、所詮蟷螂の斧だったかも知れない。いやむしろ、母のララ物資への礼状のことなどを思うと、筆者は両親の導きによってブラジルに渡ったと思わざるを得ないこの頃である。


日本人の海外移住に関する実情を知る日本人は多くはない。しかし、外務省によれば、海外の日系人の数は約五〇〇万人と推定されている(二〇二三年十月一日現在)。ブラジルが最も多く約二七〇万人、次いで米国約一五〇万人、ペルー約二〇万人、カナダ約一二万人などとなっている。彼等の存在は日本の有形無形の財産と言えるが、拙著によって、ブラジル日本移民とその子孫が現地でどのように社会貢献をして生きてきたか、そして現在どのような存在か、現在日系社会はどうなっているか、はたまたその子孫が現在日本にデカセギ(Dekassegui　ポルトガル語=ブラジル語)に来ている状況の一端についても触れてみた。読者諸賢の参考にしていただければ幸いである。

ブラジル移民体験を経て帰国した筆者が、後年(二〇〇八年十二月)、NGOブラジル人労働者支援センターを設立し（後、認定ＮＰＯ法人）、在日ブラジル人支援活動を開始した（二〇二一年所期の目的を果たし解散）。そして今も、ブラジルの日系社会との付き合いは続いている。

二〇二四年九月、ブラジルのサンタカタリーナ州のＪＩＣＡ開発ラーモス日系移住地の開発六十周年記念事業の「鎮守の杜建設構想」に関し、出雲大社とのご縁もあり、早稲田大学海外移住研究会有志名で大鳥居一本を当地に寄贈・奉納させていただいた。海外から日本に来る働き手、海外の日系人とのつきあいは、日本の国際化に極めて重要であることは言うを俟《ま》たない。

両親の期待に直接的には沿えなかったが、筆者の持ち味と自負する生来の反骨精神、自分のためではなく他人のために働く、弱いものを助ける精神、微力ながら満洲引揚げによって培われたこれらの精神で生きて来たことについては、多くの失敗はしたが、悔いはない。もって瞑すべしと思い、ペンを置く。亡き両親に対し、心から尊敬の念を表するとともに、深く感謝の意を捧げたい。

父の無念の最期に直面し、使命感を深く胸に刻まれ、小学六年生時に書いた、満洲引揚げ中に殉職した父について書いた作文「お父さんの死」が原点となって歩み始めた少年（当時四歳、まもなく五歳）だった筆者の思い、その使命感を背負って無謀な闘いを始めたことが、全ての始まりであったが、「前郭旗《ぜんかっき》ペスト防疫所」の父達の活動の跡を息子として継がなければならないというのは、現実には無理かつ不可能であった。

命を懸けて満洲吉林省《きつりんしょう》前郭旗《ぜんかっき》のペスト防疫・撲滅活動に尽くした父、敗戦とともに彼の地に埋もれてしまった父の科学的業績、そして母をはじめ往時の一般の在満邦人の生活ぶり、敗戦・引揚げという日本史上の大動乱を幼時に体験したこと、戦後の母の苦難、そしてそのすべてを背負っての私のブラジル移民とその後の日伯関係への献身を、今、書き尽くすことができた。

「三つ子の魂」ではないが、筆者は本書の出版・刊行をもって、幼少時の満洲引揚げ時以来約八十年間にわたり背負い続けて来た背嚢《はいのう》――いつでも戦える・逃げるための気構えと、最小限度の食糧、弾薬、衣料など戦闘用・生活用品の入った――をようやく下ろすことが出来、解放された感がある。私にとってやっと訪れた戦後である。

時間を要したが、ここに藤原書店様のお力添えにより出版が叶ったことは、不十分ながらもその使命感の達成と思いつつ、自身の波乱の人生の幕を閉じることが出来たと思いたい。

あとがき——謝辞として

紆余曲折する人生の中で藻掻きつつ、筆者は早稲田大学入学後に「早稲田大学海外移住研究会」という部（サークル）に出会った。早稲田大学も含め当時の全国約八十大学が日本学生海外移住連盟（学移連）を結成、大学生の海外移住啓蒙活動をおこなっていた。そして当時の国策（戦後の失業対策のための外務省・JICAの海外移住政策）に参画、卒業後、ブラジル移民となった。それには、同会の諸先輩後輩との出会いが幸いした。とくに、今は故人となった同会の大島幸夫氏や田中秀幸氏らとの出会いは、筆者の使命感達成に大きく寄与した。

本書の出版は、早稲田大学海外移住研究会の先輩であり、ジャーナリストの大島幸夫氏（毎日新聞記者・同紙特別編集委員、作家、ペンクラブ会員、第十六回ヘレンケラー・サリバン賞受賞、東京マラソン提唱者の教養人）に出版を勧められたことが大きい。氏は、毎日新聞社の直属の上司であり満洲引揚者でもあった故岩見隆夫氏（ジャーナリスト、テレビの報道番組での解説者・評論家としても著名）との関係で満蒙関係に詳しく、葛根廟事件等の著書もあり、筆者の父の話や、私の体験談に深い興味を示され、筆者に出版を強く勧め、協力を申し出てくれたのである（二〇二四年九月病没）。おしゃれで大変な教養人であった。

田中秀幸君（二〇二四年一月七日病没）は筆者の盟友で、大学時代（一年後輩）、ブラジル移住、在日ブラジル人支援活動の全てにわたり筆者と行動を共にしてくれた。感謝に堪えない。

私が仲間とともに設立した**認定ＮＰＯ法人「ＮＧＯブラジル人労働者支援センター」**の役員の名前を、ここに記して感謝したい。

理事長　加藤仁紀（筆者）
副理事長　**田中秀幸**（元ラテンアメリカ情報社ブラジル代表。早稲田大学法学部卒）
理事　**横内正毅**（元ＹＫＫイタリア社長、早稲田大学第一法学部卒）
理事　**岡本健一**（元日商岩井部長、早稲田大学政経学部卒、早稲田大学海外移住研究稲門会会長、日本学生海外移住連盟［学移連］ＯＢ会幹事長）
理事　**ゴンサルベス・カルミンダ**（ブラジル人女性弁護士）
理事　**メリジャーマ・山本フレイタス**（ブラジル人土木建築士、保育士）
理事　**谷村信弘**（元ブラジル東芝社長、早稲田大学商学部卒、学移連第十七期委員長）
理事　**井上幸則**（元西松建設取締役、早稲田大学法学部卒）

理事　**上田　茂**（早稲田大学理工学部卒、サンパウロ州立大学工学部修士、中央開発ブラジル社長）
監事　**吉村善智**（早稲田大学商学部卒、水産商社ウミマール社長）
相談役　**相田祐弘**（サンパウロ社会福祉法人救済会常務理事［「憩の園」運営］、元ブラジル稲門会会長、建築設計事務所経営）
顧問　**国吉ニルソン**（早稲田大学理工学術院創造理工学部教授、サンパウロ州立大学工学部卒、ブラジル人日系三世）
顧問　**富田博義**（早稲田大学法学部卒、学移連第九期委員長、元日伯教育機構理事、ブラジル日本語センター評議委員会書記）
顧問　**谷　広海**（早稲田大学政経学部卒、ホテル経営、元日本語センター理事長）
ラーモス移住地　**尾中弘孝**（元ラーモス日伯文化協会会長、叙勲、出雲大社神官）・**可志子**夫妻

また、NPOを閉じ、二〇二〇年に設立した日伯連帯研究所ONG Trabrasの役員名も、ここに記して感謝したい。（肩書名等は前述のNPO法人を参照）

・代　表　加藤仁紀（設立者）
・幹事　**横内正毅**
・幹事　**岡本健一**

・監事　**吉村善智**
・幹事　**谷村信弘**
・幹事　**井上幸則**
・幹事　**上田　茂**
・幹事　**田中秀幸**（設立者）
・顧問　**国吉ニルソン**
・相談役　**相田祐弘**
・参与　**富田博義**

父が殉職し、その業績が敗戦・引揚げの大混乱の中で満洲の地に埋もれてしまったが、後日その全容を明らかにしたのは、父の部下・長澤武氏（満洲国吉林省ペスト防疫所［前郭旗］元防疫官、京城帝国大学医学部医学博士）であった。一九七七年十月二十三日、長澤氏が父の三十三回忌法要・慰霊祭を、父の墓所である堀之内妙法寺（東京都杉並区高円寺）において執り行われ、全国から当時の生存者・ご家族・ご遺族等の関係者約五十名の方々が参列された。

そのとき、先生はその方々から寄せられた防疫所の活動や敗戦後の引揚げに関する手記を取りまとめ、手作りの文集『満洲吉林省の百斯篤《ペスト》防疫を担当して（上・下）』を編纂された。防疫所職員・家族の個々の皆様のペスト防疫活動や引揚げ体験、引揚げ中に目撃した手記なども収録され、その中には、「防疫所は何をしていたか」（長澤武、三三頁）、「お父さんの死」（筆者）、「弔辞」（十川淳＝旧姓古谷淳）等が収録されている。

また、筆者は同行できなかったが、二〇〇〇年八月、長澤先生が防疫所職員家族・遺族を率い、訪中団「吉林省会日中友好訪中団　前郭旗ゆかりの会」（十三名。同氏以外は当時の防疫所の職員・家族の二・三世等の関係者）を組織し、新京及び防疫所のあった前郭旗等に「慰霊の旅」を行ったことは特筆に値する。その際、現地での歓迎会で、訪中団が吉林省前郭旗人民政府の責任者に対し、中国語に翻訳した資料を添えて、防疫所の活動と成果を中国語で詳しく伝えた結果、これが高く評価され、貴重な資料として同政府に永久保存されることになった。敗戦で失われた父たち防疫所の事績が中国側にも公に認知され、評価され、保存されたことは、父たちの活動が有終の美で締め括られ、飾られたことになり、欣快に堪えない。当時、日中国交が正常化されてはいたが、日中戦争、七三一部隊、残留孤児問題など未だ中国側に多くのわだかまりが残っている中での快挙であった。長澤先生、及び随行した著者の弟夫婦、加藤紘捷（加藤正司三男、日大元教授、『ペストは冬、どこに潜むのか』［ロギカ書房］著者）と妻加藤阿幸（清和大学元教授）を始めとする訪中団メンバーの渾身の努力に対し、心からの感謝と敬意を表する。（『忘れ得ぬ山河――五十三年目の旧満洲、慰霊の旅』吉林省会日中友好訪朝団　前郭旗ゆかりの会編集、責任者・加藤紘捷［訪中団幹事］、二〇〇〇年八月発行）。

天国の筆者の両親、長澤武氏他職員・ご家族・ご遺族その他関係者に、満身の敬意と感謝の念をもって本書を捧げたい。ありがとうございました。天国で再び皆様にお目に罹りたいと思います。

そして、父たちの業績を初めて公に認めていただいた父の母校、東北大学大学院医学系研究科長・医学部長（当時）八重樫伸生《やえがしのぶお》先生に対しても、感謝の念は尽きない。父の業績を知った先生によって同学部の同窓会新聞『艮陵新聞《ごんりょう》』（二〇二一年一月発行）に記事として取り上げられ、顕彰されたことが、本書を著すきっかけになった。ここに衷心より感謝申し上げます。

加えて、戦後母の手元に寄せられ、遺されていた、父が所属した満洲国民生部や卒業した同国官吏養成所「大同学院」の同期生等、ペスト防疫関係者からの回想録等も貴重な資料である。

なお、父・加藤正司は、自身が加藤清正・忠廣公の末裔であることを知らずに亡くなっている。ただし実家である生家の裏山に祭ってある鬼子母神や加藤清正公の肖像は、毎日見て育っている。生家の奥座敷の襖絵に描かれていた虎の絵は、戦後筆者も遊びに行って、何度も観て怖かった覚えがある。清正公の朝鮮での虎退治は良く知られている。

なお、出版に際しては、藤原書店の社主藤原良雄氏及び編集ご担当の山﨑優子氏に多大なご協力・ご指導をいただきました。厚く御礼申し上げます。思えば藤原氏との関係は、ブラジルのサ

左から草山清和宮司、尾中弘孝元ラーモス日伯文化協会会長、植物生態学者の宮脇昭先生、筆者

ンタカタリーナ州フレイ・ロジェリオ市、クリチバーノス市に所在するＪＩＣＡ開発の日系移住地、ラーモスに端を発している。当地は日本人が持ち込んだ果樹やニンニク栽培で成功し、自然豊かな土地柄で日本文化を発信している剣道の盛んな町である。当地にはかつて「早稲田りんご村」があったこと、そして現在は「鎮守の杜」建設構想を有し、著者もその実現に多少ながら協力している関係にある。二〇一八年、同構想を推進する責任者、ラーモス日伯文化協会会長・尾中弘孝氏が訪日された際、同氏を伴って国際的に著名な故宮脇昭元横浜国立大学名誉教授（ブラジル・アマゾン他世界各地の植林活動でも知られている）を表敬訪問、協力を願った経緯がある。その関係で、宮脇教授の活動を支援する出雲大社相模分祠（神奈川県秦野市）の宮司草山清和氏や、同教授の名著『いのちの森づくり』等を出版する藤原書店との出会いがあったのである。地球の反対側にあるブラジルの日系社会に関わる不思議なご縁と言わざるを得ない。

最後に、満洲引揚げ・ブラジル移民という特異な生い立ちと、尋常とは言えない過去を背負った夫（筆者）を終始明るく支えてくれた妻節子に感謝の意を表したい。長男一平は、心臓血管外科医（開業）、次男文太は脳神経内科医（勤務医）、長女神田祥子は薬剤師（泌尿器科医神田壮平と結婚）、それぞれ父が歩めなかった医道を歩んでいることを多としたい。親切と思いやりの心をもって、感謝の気持ちを忘れず、社会に貢献してもらいたい。各自祖父正司・祖母満の志を忘れず一層精進されんことを願う。最後に義父（服部修、服部外科院長）と現院長服部伸、義母（服部香世）にも深く感謝の意を表したい。義父母は、我が家族をこよなく愛し、物心両面から支えてくれた。

令和七年（二〇二五）三月

加藤仁紀

参考文献

伊吹皎三『新京敗戦記』大同会、一九五九年

――『物故者の思い出　加藤正司君のこと』大同会、一九五九年

岡本ミヨ子「満洲引揚　三十五年目の追憶」、『百《ペ》斯《ス》篤《ト》村の想い出』一九八〇年

加藤精也『加藤正司の生涯と研究論文集』二〇二一年

加藤紘捷『ペストは冬、どこに潜むのか――満洲で身を挺して解明に挑んだ医師』ロギカ書房、二〇二三年

――「引揚港、佐世保を訪問して思う――母に捧げる詩を添えて」、『記録・引揚七〇周年　記念の集い』一般社団法人国際善隣協会、二〇一七年

――『忘れ得ぬ山河――五十三年目の旧満洲、慰霊の旅』吉林省会日中友好訪中団　前郭旗ゆかりの会、二〇〇〇年

――編『南天の実　加藤満白寿記念』二〇〇六年

加藤正司「ペスト菌の越年及感染経路に関する考察」、『満洲衛生事情通報』第六巻・第十二号、一九四一年

――「感染経路より観たる満洲に於ける種継越年に関する考察」、『満洲公衆保健協会雑誌』第七巻・第五号、一九四二年

――「乾安県玉字井ペスト感染経路に就きて」、『日本伝染病学会雑誌』第二十巻・第四―六号、一九四七年

加藤　満「お礼状」（ララ物資）ＪＩＣＡ横浜海外移住資料館、一九四九年

川上六馬「学院出の同志と満洲の衛生」、『大同学院

同窓会報』一九六八年
国際善隣協会編『満洲建国の夢と現実』謙光社、一九七五年
『艮陵新聞』東北大学医学部同窓会、「満洲国でペスト撲滅に尽力」二〇二一年（第三一二号）
酒井シヅ『病が語る日本史』講談社、二〇〇〇年
大同学院同窓会・大同学院史編纂委員会『大いなる哉満洲』一九六六年
大同学院同窓会・大同学院史編纂委員会『碧空緑野三千里』一九七二年
『大同学院同窓会報』No.七四、「故加藤正司君のペスト研究論文がみつかる」、一九七九年
豊里公民館広報「高い志で生涯を駆け抜けた医師」、『豊里公民館だより』五月号、No.九七、二〇二一年
長澤武編纂『満洲吉林省の百斯篤《ペスト》防疫を担当して（上下）』一九七七年
藤沼　清「ペストと戦う」一般社団法人国際善隣協会『東北地区吉林省の百斯篤《ペスト》』一九七七年
藤沼弘一「父たちの満洲——吉林省ペスト防疫所の人たち」大同学院二世の会『柳絮』創刊号、一九九九年
『満洲公衆保健協会雑誌』第七巻・第二十号、編集後記「ペスト防疫記」、一九四三年
満洲国史編纂刊行会・満蒙同胞援護会『満洲国史各論』（保健衛生—満洲のペストとその予防）一九七一年
宮脇淳子『日本人が知らない満洲国の真実——封印された歴史と日本の貢献』扶桑社新書、二〇一八年

〈ブラジル関連〉
『サンパウロ新聞』WEB版「もう一つの学生運動——学移連外史」
ラーモス日伯文化協会『絆（KIZUNA）——ラーモス居住地五〇年そして未来へ』二〇一四年

加藤正司ペスト関連論文等

一　「ペスト菌の越年及感染経路に関する考察」

・執筆者　吉林省立ペスト防疫所長　加藤正司

康徳八年十一月四日執筆

（筆者注：一九四一年・昭和十六年）
・掲載誌　「滿洲　衛生事情通報」第六巻・第一二号
・発行所　滿洲衛生事情通報會（新京・民生部保健司内）
・発行日　康徳八年十二月二十日

二　**「感染経路より観たる滿洲に於けるペストの種継越年に関する考察」**
・執筆者　吉林省ペスト防疫所長　加藤正司
発表　康徳九年一月十五日　於新京特別市々公館
・掲載誌　「（滿洲衛生事情通報改題）滿洲公衆保健協会雑誌」第七巻・第五号　百斯篤特輯号
＊筆者注：「百斯篤」はペストと読む
・発行所　滿洲公衆保健協會（新京・民生部保健司内）
・発行日　康徳九年五月二十日

三　**「乾安県玉字井ペスト感染経路に就きて」**
・執筆者　吉林省ペスト防疫所　加藤正司
・掲載誌　「日本傳染病學會雑誌」第二〇巻・第四―六号
・発行所　日本傳染病學會
・発行日　昭和二十二年三月二十日

四　**「昭和十五、十六年度滿洲国農安及び乾安に於けるペスト患者の臨床統計報告」**
・執筆者　吉林省百斯篤防疫所　加藤正司、長澤武、古谷淳、大塚威
・掲載誌　「日本傳染病學會雑誌」第一六巻・第八号
・発行所　日本傳染病學會
・発行日　昭和十七年五月二十日

五　**「「ペスト」患者に対する「スルファピリヂン」剤の治療効果に就て」**
・執筆者　加藤正司、長澤武、古谷淳
・掲載誌　「大陸科學院彙報」第七巻　第四号　第四回大陸科學院研究報告會　特輯号
・発行所　滿洲帝國国務院大陸科學院（新京特別市大同大街）
・発行日　康徳十年三月十三日、十四日開催

六 「ペスト患者の尿中の菌並に死後膀胱内胆嚢内の菌検索成績」

・執筆者 満洲国吉林省前郭旗ペスト防疫所 加藤正司、長澤武、古谷淳

・掲載誌 「日本傳染病學會雜誌」第二一巻・第一—三号

・発行所 日本傳染病學會

・発行日 昭和二十二年十二月二十日

七 「ペストに関する臨床的研究」

・報告者 京城帝國大學医學部 篠崎内科教室 篠崎哲四郎、満洲国吉林省ペスト防疫所 加藤正司、長澤武、古谷淳

・掲載誌 「日本傳染病學会雑誌」第三一巻・第四号

・発行所 日本傳染病學會

・発行日 昭和十八年七月十日

八 「ペストに関する臨床的研究（続報）」

・報告者 京城帝國大学医學部篠崎内科 篠崎哲四郎 満洲国吉林省ペスト防疫所 加藤正司、長澤武、古谷淳 満洲国興安總省ペスト防疫所 保村外茂鐵

・掲載誌 「日本内科學會雜誌」第三四巻・第一—二号 第四一回日本内科學會講演會（其二）

・発行所 昭和二十一年五月十日

九 「前郭旗地方の蚤類に就て」（康徳七年度調査成績）

・執筆者 衛生技術廠 副研究官 大野善右衛門 吉林省百斯篤防疫所長 加藤正司

・掲載誌 「大陸科學院彙報」第七巻・第一号

・発行所 満洲帝国国務院大陸科學院（新京特別市大同大街）

・発行日 康徳十年二月 康徳九年十一月三十日受付

本文の概要は第十回衛生技術廠集談会（康徳八年十月二日）に発表した。吉林省百斯篤防疫所管内蚤研究会（四）。

・発売所 満洲技術協會新京支部

十 「吉林省前郭旗に於いてドブネズミに寄生する

蚤の種類並に其季節的消長に就て（其の一）」

・調査　衛生技術廠　副研究官　大野善右衛門

吉林省百斯篤（ペスト）防疫研究所

加藤正司

康徳十年五月十日受理

本文は第四回大陸科學院研究報告會（康徳十年三月十四日）に於いて発表した。吉林省百斯篤防疫所管内蚤相研究（V）。

・掲載誌「大陸科學院彙報」第七巻・第五号

・発行所　満洲帝國国務院大陸科学院（新京特別市大同大街）

・発売所　満洲技術協會新京支部

・発行日　康徳十年十月

チャールズ・A・ビーアド
ルーズベルトの責任
日米戦争はなぜ始まったか
幻の名著、遂に完訳

ビーアド『ルーズベルトの責任』を読む
日米関係、そして戦後世界を考えるための必読書を読み解く

チャールズ・A・ビーアド
『戦争責任』はどこにあるのか
アメリカ外交政策の検証 1924-40
20世紀アメリカ最高の現代史家が、終戦直後に出版した幻の名著、遂に完訳！

大陸主義アメリカの外交理念
チャールズ・A・ビーアド
アメリカの「不介入」主義の積極的意義とは何か？